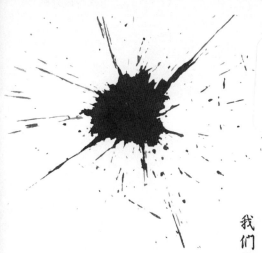

若是那些苦難不曾發生過，
我們的生命是否有所不同？

——魚逐

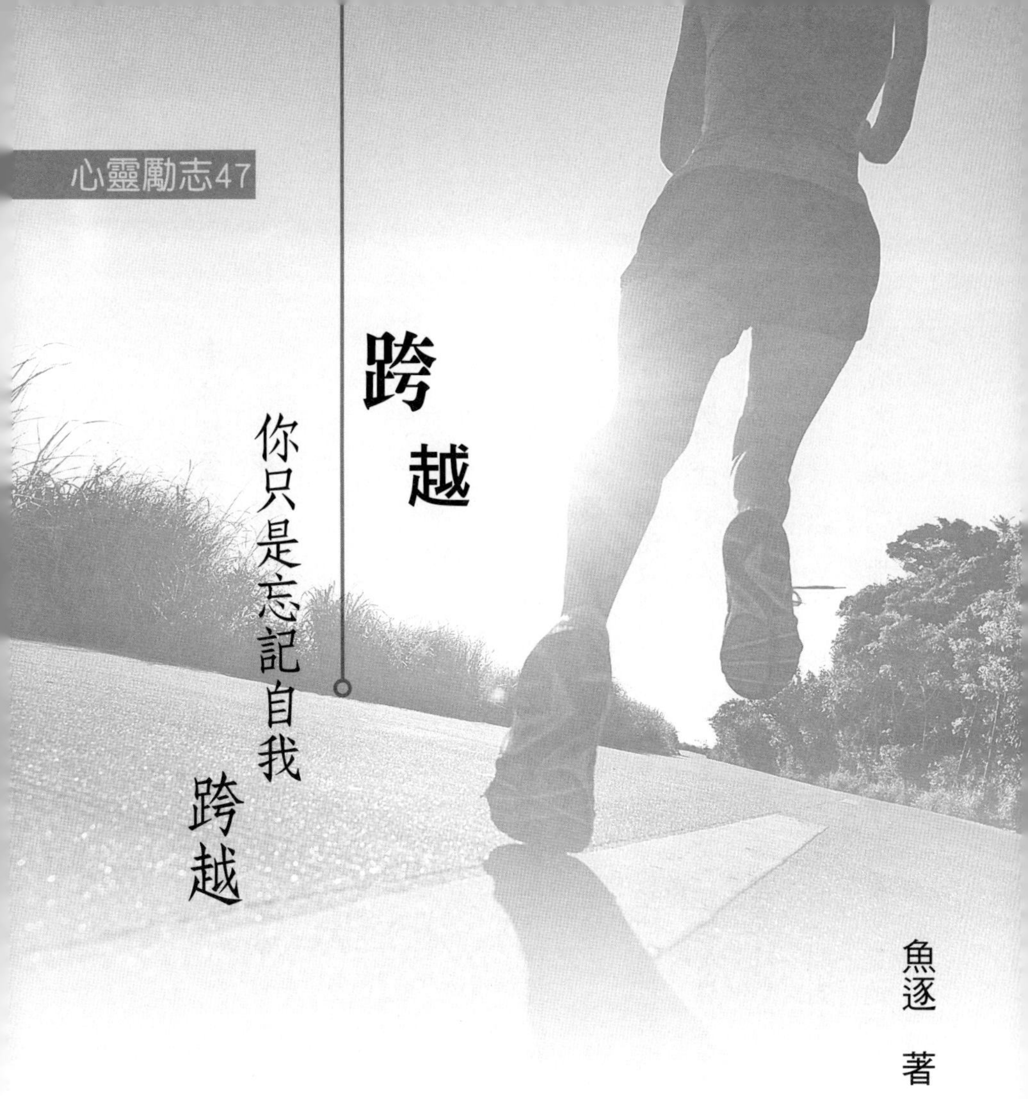

心靈勵志47

跨越

你只是忘記自我跨越

魚逐 著

博客思出版社

老師推薦序

身心靈輔導帶領人——王慶玲

魚逐是我一生中最重要的摯友，更是我靈性旅程中最重要的同修。回想起我們的相遇，同樣都是對夢想勇往直前的人，一樣的擁有童年的苦澀與成長的精彩，但是魚逐卻多了許多不為人知的過程與轉折，她是一個不擅於自我膨脹與武裝的人，這一點，絕對能從她的書寫文筆中感受得到這份親和親善之外，如同她的為人處事，從來都是真實透明的給予寬容對待。

第一次見到魚逐，是在2003年初春的一門為期三天的逆境智慧課程，當時我是課程期間服務她的義工，讓人驚艷的是她的學習態度，至今我仍然難忘當時辦課單位要求下期課程推薦學員，她發動自己事業團隊領導人都來參與下期課程，魚逐的影響力巨大，已經完全震撼了我。

之後，我們經常保持心靈成長的連結，魚逐也許並不知道，她在我心底一直是那麼的不平凡，那麼的質樸無華，那麼的具有情意與情義的女人。她是我此刻閉上眼睛，能轉瞬體會到愛與力量的人，即使她曾經短暫的離開了我們的友誼。

那年，在書裡提及原來她歷經了最深的黑暗與痛苦，一個同時歷經分離背叛與心碎的人，她究竟是如何跨越生命難題，如同她書裡所言：「能經驗痛苦與挫折的人，就是真正勇敢的人」，閱讀著更多不為人知的過程，這一路我由衷敬佩她對待生命的態度，許多艱難時刻她究竟是如何的面對與穿越，讀者也終於能在這本療癒書寫中，共鳴與體會到關於生命的非常跨越。

幸運的我也認識了魚逐背後最優秀給力的宗穎哥，他們賢伉儷是我們熟悉的夫妻典範與楷模，魚逐經歷了兩次伴侶必須長期駐海外工作的辛苦，無論日本或是北京，魚逐仍然可以將兩位女兒帶領成為品學兼優的高材生，孩子不僅各自都擁有一片藍天，而且都是身心平衡的模範生。

魚逐常讓我感動，有她在的地方就有愛與光，她不喜歡複雜也不攪和是非，這也相對應了心機城府必定難以深，於是很多機會並不會直接放光送愛給她，我看在心底卻也明白瞭悟，最好的機會之所以會屬於她，並不是來自於她的處心積慮，而是魚逐的愛與良善。

她是我私領域小酌最信任的朋友，她是連醉了都選擇會吐在自己名牌包的人，她永遠給別人方便，自己總是付出好多好多。

這本名為「跨越」的書，實是魚逐不斷在跨越的智慧精華，這一本書歷經了太多的過程，也蒙受了好多的祝福，確實是一本「為自己而喚醒力量的書」，期勉讀者們能一邊讀一邊療癒和成長。

老師推薦序

先生推薦序

——自由豐盛的人，一直在打破框架完成目標！

魚逐和母親，是我生命中最重要的兩個女人。母親賦予了我生命，並且給了我她所能給的，最好的環境；魚逐則是陪我創造了生命中的精彩，在重要的時刻裡，她都在我身旁，重要的決定，她也都義無反顧的支持著我。

我和魚逐是在東吳大學的社會服務團（社服團，我的大學生活裡面唯一參與過的社團）認識的。透過社團在學期中和寒暑假接連不斷的大小活動中，大家一起準備器材、編排活動、辦義賣籌措經費等等，加上我們又是同一支山地服務隊（太平隊），讓我和魚逐能共同完成很多事，也給了我近距離觀察魚逐的機會。在觀察之後覺得魚逐是個相當善良真誠的女孩，經過七年的愛情長跑終於贏得魚逐的芳心，共組家庭。

在行事上，魚逐非常在意公平正義，這可能和她大學專業念的是法律系有關。她只要看到不對的事情，都會想要去糾正、去制止；反之，只要是對的事情、好的事情，她也會相當主動積極的分享給她身邊的人。她後來從事的保險、美容保養&保健食品、兩岸企業家交流平臺，也都是源自於這樣的想法而來的。她可以開車北中南來回跑，只因為她覺得需要讓朋友更瞭解產品的好處，至於成本、獲利、朋友最後買不買……，從來就不會是她考慮的重點。這不是因為魚逐不會計算投資報酬，相反的，魚逐的數字概念很強，什麼數字只要一進她腦袋就不會忘，什麼錢和什麼錢應該如何處理，幾乎都是直接就反應出來；但在待人接物上，她從來不會去算計。一直以來，魚逐都是以一顆純真的心來待人，有時候甚至會讓你覺得她有點傻，她也常常因為這樣而吃虧受傷，但這絲毫沒有影響她對人的態度。反而因為她的不會算計，得到了很多能真誠相待的好朋友。

魚逐是個很獨立、辦事能力很強的女孩（然而她最大的願望是做個小女人，沒想到吧！）我們相識的時候她已經在工作賺錢了，而我還是個窮學生，給不起名貴的禮物，吃不起燭光晚餐，我只有真心誠意能拿得出來。於是我學會了在騎摩托車送她回家時，要能適應她在後座一邊聊天一邊打瞌睡的韻律；學會了用十塊錢種出一大把滿天星，給她作生日禮物（這要感謝室友們的的鼎力相助，幫忙保守秘密並且輪班為滿天星澆水唱歌）；學會了冬天的夜裡在中正紀念堂的臺階上，兩個人倚偎在一起吃一碗泡麵；學會了在從草嶺回來的路上，帶回來一大把芒草給她……也只有魚逐真誠善良的本性，才能把這些過往一一珍藏，換成其他人，可能早就被我這窮小子嚇跑了。

魚逐也是個自由豐盛的人，一直的在打破框架、給自己不同的目標去完成，受魚逐的啟發，女兒們和我也都接受了不同程度的豐盛。她體驗了攝影、登山、油畫、創業……，而女兒成為攝影社的重要幹部、繪畫比賽得了獎、我和魚逐一起完成了玉山登頂。這樣的自由豐盛還在持續著，在女兒們的身上我看到了獨立、精彩、喜悅。我想，這些都由魚逐而來。

魚逐的自由豐盛還體現在對我的支持上，我面臨一些重大決定時，她會提醒我：哪個是和過去不同的？哪個的涵蓋領域是比以前大的？哪個是我想去嘗試的？後來的離開軍隊、進入半導體公司、外派到日本工作、到北京工作……都是在這樣的思維下實現的。而做了這些決定之後，魚逐挑起了家裡的一切，獨自承受著壓力和孤獨，給了我全力的支持，讓我在工作上可以毫無後顧之憂。

這本書是魚逐花了很多時間醞釀而成的，過程中好幾回都看著她跟自己在反覆衝撞，就像蠶寶寶吐絲一樣，將過去的生活經驗當作原料，透過一點一滴的咀嚼、拉扯、萃取、提煉，才有這樣的成果。很開心能幫她寫序，把我所知道的、最愛的魚逐介紹給大家。

自序

——「跨越」在魚逐一路走來的生命裡！

從十九歲晚上念夜校，白天從打工妹開始，這一路二十多年來不間斷在職場打拼，到後來自己創立公司，開創事業，工作已成了魚逐另一個表徵，多年來給予物質上的滿足，也是精神上成就的滋養，在工作不順遂時遇上困難的瓶頸，在此刻就會感受工作耗掉能量，失去滋養生命的養分，這種疲憊的感受時常泉湧而出，魚逐並不陌生，這樣高低起伏說來就來感受，常常一天來個幾回合，更多情緒擺盪到來的時候，那感覺是垂直加速度跌到谷底讓人完全無法承受。

會踏上心靈成長而後走向靈性成長道途，是在工作上遇到瓶頸和壓力時候，在一個偶然機會碰上，希望藉由上課努力學習，解決工作上的目標無法順利達成的困境，原本預想的是這個狀態，這樣一步步學習而來漸漸有些運用在工作上，在業務線上的魚逐很想成為公司的第一名，到月底成績一分勝負的時刻，她總是跌落到谷底失望，在她的紀錄裡沒有什麼豐功偉業讓她炫耀，從小多期盼能成為響叮噹的大人物，更想寄託在工作職場的平台，讓自己發光發亮的她，雖然在競賽的結果不是贏家的那一方，但她有個超棒的本事，總是讓自己隔天又能精神奕奕的起床，迎接下一回合的挑戰。迅速爬起面對明天的挑戰，充滿希望無限可能的未來，會覺得自己是無可救藥的超級樂觀主義者。是不切實際自我欺騙的催眠者！

在反覆無常的心理狀態中跟著時間的流轉中奮鬥，賣了所有的時間和精力，終於獎金收入裡嚐到白花花的銀兩，心裡卻還存著不開心及恐懼，覺得自己現在的成就收入，會像海市蜃樓般的幻影隨時會消滅。轉而投向心靈成長學習尋求慰藉，工作上的奮鬥還是持續進行中，就在這兩個領域中，自己刻意分成兩個衝突互相排斥的區塊，在始終覺得自己不對勁的感受中，在工作區塊刻意隱藏心靈成長的自己，在心靈成長的學習團體中又避而不談工作職場的事。在課程學習中，一次次自己把自己分成兩個區塊衝突不真實，直到有一天在老師帶領課程中，發現這世界只有自己從來沒有別人。哇！是自己把生命切割成兩半而活，看見就是轉變力量產生，讓自己走向跨越的歷程，開始一步步願意真實面對自己，調整自己走向真心渴望的生命歷程，選擇自己真心所愛的事業，來打拼來鍛鍊來實踐靈性學習的法則。

《跨越》這本書前十章靈性的跨越，是魚逐在靈性課程中點滴學習運用到事業與職場，這十項靈性跨越的學習，是魚逐在工作和事業上轉折點跨越的經歷，最後篇〈跨越的路徑〉，是魚逐在困境中跨越的五部曲，分享給讀者運用的途徑。

「跨越」在魚逐一路走來的生命裡，曾經認為自己的人生是孤單長大，歷經困境的磨練與學習歷程後，一步步認識家人的愛與祝福，承接家人包容與關愛走出逆境。謝謝魚逐的父母與家人，給出單純與完整的愛，謝謝一路支持魚逐學習與成長的伴侶。

魚逐「跨越」的人生，謝謝所有教導生命的老師們，每個教導是我生命積累的重要養分。致上魚逐最感謝的貴人教練，慶玲老師，在關鍵時刻點醒並訓練，讓魚逐的人生不斷跨越自己，成就《跨越》這本書。謝謝在學習成長的過程中，耐性陪著同修成長的純粹心靈空間，兩位負責人乃文與愛咪，永遠溫暖地支持與陪伴。

感謝上蒼，給了魚逐前半場生命挫敗工作歷程，因著這個歷程讓魚逐走向靈性成長，也感謝在靈性學習中曾經衝突的魚逐，當魚逐領悟到兩者本來就是合一的真理，魚逐時刻珍惜，祈願《跨越》帶給大家走向真實自我跨越的路程！期待困惑的生命都能在人生舞台，找到她自己，成為生命中最佳男女主角。

目錄

目錄

引言　玉山帶來神奇的導引

她一個類單親家庭的媽媽，老公在國外工作十多年，四十多歲的她經歷夫妻間背叛的問題，在她生命裡最難面對的時候，她想起想做的事，去爬玉山。

她對山有感覺，是在「看見台灣」這部電影紀錄片，進了電影院把整場電影看完，一直到下場要開始開播，她呆坐在位子上，影幕早就撥放完畢，她的腦袋卻還停留在布農小朋友在玉山山頂高歌的拍手歌，在那一刻她告訴自己「你他媽的就是要給我登上玉山，去聞聞看空氣有什麼不同！」這是來自她心裡的渴望！

要把渴望落在實踐上，用想像的永遠都是遠方的距離，一個連爬個兩三層都撐著樓梯需要費勁地往上爬的她，怎敢想去爬一座海拔將近4000公尺的玉山，但是就這一次，她不要只是想想，就算只有一次，她要把這件事做到，就為了那個她心裡單純的想望。

爆炸藍的天氣是她第一次爬玉山，身上高山症發作，只得在排雲山莊枯等，無法登頂玉山主峰。隔年報幾次名才又抽籤上，馬上開始訓練體力跟體能，登山背包開始裝書秤重，拿起書架最厚的第一本書「六法全書」往背包丟進，往秤一秤才加了0.5公斤，想辦法找出書架厚皮的書，一本本塞到背包裡，硬是塞下十六本書，秤上的重量增加到十公斤，雙手一拿直接上肩背包，準備直接揹上肩，無法揹上肩，她想了想想到一個法子，把裝了十公斤書的背包放在椅子上再上肩，拿了水壺拿了毛巾穿了鞋，全身裝備上身，開始走出家門，進了電梯看到鏡子前的自己，她對著鏡子輕聲喊了一聲加油！按了B3的按鍵，把自己送到地下室三樓。

從地下三樓的樓梯間，深吸一口氣，開始腳跨兩格一大步往上爬，爬到地上八樓，她心裡盤算著是第一天開始，讓我從下往上爬過五次就可以，這樣她每天多增加一趟，只要到了第七天，她一口氣爬上十一層的十二趟，用想的總是很順利，當腳步沉重地兩格一跨往上，呼吸聲愈來愈重，某些時刻伴隨喘不過氣的唉聲，重覆再重覆，這時候腦袋的念頭也不斷，一下給自己的加油聲、更多時候是懷疑的念頭妳可以嗎？妳這樣練習有用嗎？腿上的痠痛不斷，爬爬停停喘個兩口氣又繼續往上爬，她問自己究竟在幹什麼？她眼下爬到七層樓都快撐不下去，用想得都是騙人的，重覆爬到最頂層再坐著電梯往下，再重覆從B3爬起，一趟趟地走，一次次重覆做，承擔的能力自然變大，終於第一天五趟爬完了，她好想大聲尖叫，有種滿足的快感！

第二天開始負重訓練時，她好想找藉口告訴自己，是不是今天可以偷懶一次就好，只要有一次藉口就會有無數次藉口，所以即便腿再痠痛，氣再怎麼喘不過來，她只有每天持續跟繼續。嚮導說要幫大家訓練腳力與膽識，找晚上漆黑時間訓練夜爬，問她要不要參加，她馬上答應了，但當天團隊重要會議延誤時間，結束時馬上前去集合地點，她開車在趕路的途中，有好幾次想要掉頭回去，腦袋浮現要她放棄的念頭，她能做的聚焦在她想要的，拼命地趕上時間，跟著一起夜爬，開始她爬山速度，根本趕不上，腿的肌肉和膝蓋都被痠痛侵蝕，她多麼希望腿不是她的，她就不會痛了，她呼吸每一口氣都喘不過來，也吸不到氧氣，而這段只是夜爬前的小暖身，真正的困難在後面，下雨綿綿的山裡，石頭滑泥地也滑，踩下去都要注意腳的力道與穩定，好不容易熬過前面這兩段，因為跟著大家健走的腳步，喘口氣休息的時間也有限，氣還沒調整過來，又要開始跨步跟上。最難的是用繩索往上攀爬岩壁，三點不動一點動，她根本沒有這樣的經驗，只得全隊山友通力協助，她在拉繩子往上攀爬，心裡充滿了恐懼，她怕自己的手臂沒力，她知道她的腿沒力，踩不到垂直九十度石壁上的點，大家都是高手，她就是整個隊的累贅，她討厭這種自己是累贅的感覺，她在想我要怎樣訓練自己，讓自己在下回的夜爬不要成為累贅，但有些過程必須上路才能訓練，要等到全部訓練好再上路，很難開始，實際上路才是開始之路。

經過一個月的訓練，終於要真正爬上玉山，她需要支持的力量，她請求另一半的支持，希望重要的他能在身邊一起完成，她以為這個願望很難達成，長期在外工作的老公，假期的安排考量很多，她也習慣把自己忽略，她要開這個口之前，她竟這樣不允許自己的需求，是會被看見而且被滿足。她一開口老公馬上答應，讓夫妻倆在這趟玉山開始另一段美好。

開登的前一天，她的心情很緊張，滿滿一個多月訓練，在踏上玉山的每一步都還是未知的，體能真的夠嗎？天氣變化的低溫身體能承受？上次阻礙她未曾登頂的高山症這次會發作嗎？種種擔心不斷出現，她無法控制焦慮的感受，懷著坎坷不安的感受入睡，同時期待玉山山徑踏上步伐。

從塔塔加登山口的海拔2610公尺的高度，一路前進8.5公里往排雲山莊目標出發，走著走著，天上的雨慢慢落下，換上雨衣持續前進，外面的雨淋在身上溼答答，高海拔的雨淋得外面濕裡面也濕，不停止的腳步身體拼命冒汗，登爬了五個小時了，只剩最後一公里就到了排雲山莊，體力消耗到極限時，爬到3000公尺以上越吸不到氣，只能運用意志力支持，距離排雲的200公尺樓梯的小坡，這時候一點點往上的坡度，對軟腿的腳都是折騰，一步步撐著上到海拔3402公尺的排雲山莊，瞬間鬆了口氣，喝了熱騰騰的水休息好一會兒，身體才漸漸恢復暖度，帶著疲倦的臉龐走到山莊外，與夢寐以求的『排雲山莊』牌子合影。

更大更難的挑戰還不是這段路程，在明天清晨最後攻頂的最後2.4公里的碎石坡，也是上回高山症發作的地方，她不知道體能耗盡的身體，是否能承受清晨登頂的最後一段。早早吃完晚餐，高山上的溫度已經是三、四度低溫，大家簡單盥洗後爬進溫暖的睡袋，沒多久嚮導卻從通鋪的另一頭說，「鋒面來襲，清晨會大降溫，如果風雨過大，就只能取消登頂行程，乖乖留在排雲山莊。」

她心裡有這麼一刻很害怕，甚至期待大風雨來襲，這樣她就有完美藉口，不去經驗身體極限的挑戰和心中的恐懼，但是她的目標不就是站在玉山最高頂，體驗她真實站在玉山山頂上的感受，而不是聽別人說或在電視上看的感覺，那不一樣，她轉換焦點放在她的渴望上，她祈禱請求神給她恩典，上得去玉山山頂的天氣。

隔天凌晨起床吃早餐，幸運的是外面下著毛毛雨，風的強度是我們能夠嘗試的，整裝待發。出發前叮嚀著山頂風大，每一步切記拉著旁邊的鐵鍊，山頂的風不長眼，一個吹過來人沒拉穩就吹下山崖。她在跟著隊伍沒幾步，呼吸的氣每一口不足氧，踏出的腳步愈來愈沉重，而今天才剛開始，還有整整的2.4公里，要從3402公尺高往上爬到3952公尺，每一個動作重到她好想放棄，讓自己沒感覺，腳步愈來愈小，每走一步就要拖著身體往前，腿愈是努力想要踏出，踏出那一步伐距離卻小到不能小，走到最後已經沒有力氣，去想她到底能不能登頂，她當下的每一個瞬間，只能放在右腳那一步微微地向前，踏出去後再想讓另一隻腳向前，她感受到自己「專注」的能量，雨勢與低溫鋒面也一直跟著她們的腳步，她只剩下一點點力氣緊跟著前一個隊友，此時爬得好不好，會不會拖累隊友……這些都不是個事了！她就只能一步左腳向前，一步右腳的向前，直到快要登頂時，她的隊友突然問剛要下山的山友還有多久，下山的山友竟然回答說「還有半小時」，她聽到後很小聲對自己說「幹！幹麼問還有多久，聽到還有半小時，老娘好想放棄！」才發現永遠有個想要放棄的自己喃喃在說話。

最後一個右彎上去，就讓她們看到玉山主峰頂立的牌子，身上的雨加身體的汗加眼睛末的淚滴，山頂低溫的刺骨凍得咧，連手套裡手指頭都受不住，終於登上山頂感受點滴在心，興奮的是對登頂玉山的心完整感受，再回頭看看，負重練習重覆再重覆，每一個微不足道的練習，到這中間的隨時想要喊停，不時說放棄的那一刻，她一次次選擇的是「跨越」阻擋，隨者心的渴望去成就生命的目標。

以登玉山的歷程來揭開「跨越」的開始，最給力的跨越是在面對內在的怯懦，即便這些障礙我們前進的聲音，這個聲音就是一輩子不停叫囂，但在關鍵時刻她選擇跨越，她會攀登心中的那座頂立的玉山。

捉住競爭與比較的能量，
永遠不是贏家！

第一章

所有不公平的對待，都是天生贏家的祝福

一、每個天生贏家都有守護者

她懷著不安靜的心情，來到約好了的工作室，準備接受療癒，她斜靠著椅背，訝異的表情問著療癒老師「剛剛我是怎樣被帶到我七八個月大的時候，我怎麼從來都沒有印象，剛剛過程又是這樣真實出現！」她不自覺將眼睛閉上說「我彷彿還聞得到小時候家裡農田的味道，不遠的前方有爸爸媽媽鋤土的踢踢摳摳的聲音，大狗狗巨大的身影在我的右邊，我好小但會對著它笑，在牠擋著大太陽下搖籃的我，就是知道在牠的身邊非常安全！」

從小對狗狗過敏的她，總害怕狗狗往她身上撲，現在她想起牠，她生命中的大狗狗是這樣全心照顧我，讓我這麼小就能感覺到完整的愛，可是不知道哪一天起，保護她的大狗狗從此不再出現，讓她覺得好孤單，覺得她被拋棄了，好像從此不會有人愛她，可是在療癒過程中，再一次她感受到大狗狗的愛，溫暖的眼神一直看顧她，彷彿從未離開過她，一直在她身邊，一直覺得自己孤單長大的她，原來愛在她的身邊從沒有離開，她說：「感動大狗狗的愛陪在我身邊」她張開眼睛眼角淚落下。為之前自己的腦袋竟然一直認定自己沒有人愛的想法，淡淡地對老師微笑，老師也會意一笑。

她離開工作室，帶著療癒後身體疲憊上了公車，坐到倒數第二排的靠窗位子，公車搖晃了兩下，她的頭一靠窗就睡，睡了一陣子醒來，下班時間的五點多，窗外的十字路口正塞車著，她的心滿滿的喜悅「原來從小就有一個守護神在我身邊」她在心裡說「謝謝您親愛的大狗狗，給我完整的照顧，讓我感受您對我無私的愛。」對曾經以為忘記的大狗狗致上她的感謝！

這時也讓她想起，一直在生命只能靠自己的她，所有的事都要很用力才能有一點點收穫，只能靠自己的想法，讓她陷入悲苦和辛苦角色中，高中念的是倒數第二名的高中，相對是個自由學風的高中，三年不怎麼用功的學生，在高一就定志向要上夜間部法律系，選夜間部是家裡經濟的考量，一定得靠自己半工半讀才能上大學，法律系則是她的夢想，一心夢想成為有名有錢的律師，填志願的時候完全展現魄力，不知自己哪裡來的自信，只填了台北三所學校，幸好成績比最後的志願多了三分，如願上了大學。大學前兩年這邊打工那邊打工，才能籌措學費和生活費，直到要升大三那年的暑假，意外去上了保險公司的課，發了瘋的回家跟家裡人說要做保險，爸爸氣得說不准去親戚那邊招保險，她自己有骨氣馬上回答說「我一定做到讓您親戚主動來找我買保險」，就從那個時候起本來關係疏離的父女，大概有七、八年的時間，父女都像陌生人般，對話也只有「對、好、吃飯、出門……」簡單的回應。

在家不只是跟爸爸關係的疏離，想起高中念書的時候，姊姊已經結婚，好像是家裡的房間不夠，就搬去住在姊姊的家住，晚上還會去姐夫的餡餅店包餃子打工，練就包餃子的功夫。十六歲的她很早就離開家去住宿，假日則回姐姐家，大部份的原因，她一直想逃離那個完全沒有自己空間的家吧，認為她在家裡是可有可無的角色，她在七個孩子的工人家庭長大，三個房間的小公寓，分配爸爸媽媽一間房，再來就是三個男孩一間，四個女生一間房，最小的哥哥年紀都比她大六歲，小時候只知道哥哥姐姐們，輪流在外面不是半工半讀就去當學徒。

小一小二的她還黏在媽媽身邊，她大了些就是一個人遊蕩來遊蕩去的，放學後也不回家，喜歡跟著一群男孩和著玩，在家對面的山丘爬上爬下，要不跑到更遠的山丘捉螃蟹，趁著媽媽不注意的時候，把螃蟹用克林奶粉罐子藏起來，全身髒兮兮不像女生，倒像個山霸王。因為這份自由成長養成她獨立自主的個性，「凡事只能靠自己闖的」信念，變成她的至理名言刻在腦子，覺得自己就是只能靠自己的她，卻在今天在療癒過程裡，看見生命中有個看護她的大狗狗，在她那麼小的時候就守著她。

原來她有個重覆想法，反覆像套公式般反應在跟人的相處，怎麼都覺得每個人距離她好遠。可是一旦靠近她的安全距離，她就受不了馬上逃走。在工作領域上更是明顯，在業務單位上班的她，從不認為自己會是個幸運兒，常常望著同事被幸運之神眷顧著。因為她總覺得自己不可能是幸運兒，她要很用力做事才能有一點成果，天啊！她意識到腦袋裝著重覆的念頭，像機器人般已設定好程式，不自覺地回應，她現在才看見守護神的力量一直在她身邊，只是她感受不到也不願給出機會，旁邊的恩典出現，她也渾然不覺，自覺是靠自己的力量完成，她記起生命第一次升遷時，原本的主管百般刁難讓她升遷資格達到，也不願讓她升遷，過沒多久新上任高階長官，上任不到一個月，力主讓她升遷，主動協調她的上司讓她順利晉升，之前她看待這個狀況時，她之前有夠努力了吧，是老天爺本「應該」給她的，她身上捍衛盾甲一直在捍衛她自己，怕受了傷害沒有勇氣承擔。

魚逐小語：開始向內觀看，就是靈性旅程開始。

二、相信妳值得

她下車後往回家的路上走著，沒幾步路就到家，身體非常疲倦，兩個女兒正值國高中的青春期，平時的晚上都留校晚自習，老公遠在國外工作，今天晚上又是一個人的晚餐，隨便打開冰箱拿了昨天帶孩子們去火鍋店吃剩打包的小火鍋，再另外加些青菜，簡單的一餐，坐在餐桌上看著剛剛自己煮的一鍋雜菜湯，突然沒了胃口，思緒飄回上週療癒過程。療癒後她小時候記不起的事，現在像開了個視窗幕幕出現。

突然想起舊家的走廊不是很長，要經過一個小房間，每回要經過這個小房間門口，她就非常害怕，這時她眼睛自然閉上，她彷彿回到六歲的那個小女孩，從外面要回到家，進到家裡沒幾步路，小女孩突然停下來，小女孩聽見小房間嘆息和喃喃自語的聲音，那是她最怕聽到阿嬤聲音，那是很久遠的事，每回她躡手躡腳想用溜的溜過阿嬤房間，還是不小心被阿嬤銳利的眼光給掃到，她眼睛一閉心裡想「她慘了！」阿嬤總是扯著嗓子說：「豬沒肥去肥到狗，養這種了錢貨是沒路用」她聽到阿嬤用台語說這些話，心裡很生氣。因為如果是弟弟走過去，阿嬤就會說「來，乖孫來，趕快來，奈加乖，阿嬤給你一顆糖」弟弟從阿嬤房間出來，手上握著拳頭勝利的表情吃著糖果。

她眼睛看著弟弟，心裡憤怒極了「為什麼會有這樣不同待遇？」只是因為弟弟是男生我是女生，她心裡對著老天大聲喊著「所有男生會做的事，我一定要做得比他更好更強給您看，讓您瞧瞧您對我有多麼不公平！即便您不給我，我也會靠自己拼死拼活得到」就在那個時候她不再向天祈禱，她開始上小學了，一個人斜揹著大大的橘色書包，每天走過幾片綠油油的稻田就到了學校，一個人的她很安靜，在學校也是，放學回家的路上，她都是一個人走著走著，沒有同學陪伴，對她而言是個好開心有趣的事，中午放學回家大陽很大很熱的天氣，她會看著自己影子跟著自己走路，口渴了，找到回家路上那幾顆扶桑樹，顛起腳跟努力摘下幾朵花苞，吸取花苞裡甜甜的蜜水，有時候一個人走著走著她也會害怕，她會快步靠近大哥哥大姐姐們，還可以偷聽到他們說的話，把一些重要的東西蒐集起來，他們邊走邊說著「稻田轉角第一戶人家前面，種的樹是夾竹桃，那樹是有毒的，花有毒樹葉有毒全部都有毒，還有再走過去第七家那間是鬼屋，常常會有很可怕的聲音傳出來。」後來每天放學要經過那顆夾竹桃樹和那間鬼屋時，她都不敢停快步跑著離開。

小時候的她中午放學回家吃完飯後，她趁著媽媽趕著做手工的時候，就是她溜出去玩的時間，她會自己跑到家附近的小溪邊捉螃蟹，要不就在家對面跟著一群男生在小山丘爬上爬下，她是個不愛開口說話的孩子，原因是她小時後講話臭齡呆臭齡呆（台語），她永遠發不出台語的「五」的音，就是怎麼講都會變成台語「芋」，哥哥姐姐取笑他時，就會要她唸台語的「五」，她就會唸成「芋」，怎麼都教都教不會，她更氣自己怎麼都學不會，最好不要講話，講話就只會被別人取笑。不愛開口說話的她喜歡黃昏的時候，爬上小山丘最頂端，看著夕陽的時候，心裡想著多希望自己能趕緊長大，長大變成很有錢很有錢的有名的人，這樣大家都會對我另眼相待。

一想到這裡，她眼眶的淚輕輕流下，她雙手摀著臉覺得很無助，現在的她就回到小學綁著辮子的她，坐在山丘上看夕陽的她，從小到大渴望成為「somebody」的願望愈來愈深，希望成「somebody」來破除阿嬤那個「豬沒肥去肥到狗」的魔咒，證明自己才是那個應該肥的豬，弟弟才是那個不該得到資源跟關愛的人，四十多年的歲月過去，願望從未在她的心裡實現過。她覺得這輩子自己一直緊追這個願望跑，而這願望只是來自小時候她阿嬤的一句話看法，就改變她的生命，她讓阿嬤的一句話控制她生命的歷程！

魚逐小語：是我們允許別人對我們發揮影響力。

三、天生贏家必須認出獨特的優勢

老公長期在外工作，跟孩子溝通的責任就在她身上，她喜歡在廚房清洗碗盤時，隨著水聲嘩啦啦，一起跟孩子聊天，想起唸書時開始半工半讀的她，從那時候起就一直在工作賺錢從未停止，大三時就從保險業務工作做起，十多年後從傳銷業打拼，帶領著一群團隊，她在工作上很認真，因為她從不認為自己是幸運兒，總認為她要努力多過別人好幾倍，自己在工作上才能有少少的成績，在業務工作時，她必須去跨那第一步與人接觸，要用很長久時間培養情感，等到情誼夠深要提出成交的方案，請人買單她用心所規劃的要求，這個開口對她就像是要登天一樣的難。從小害怕被人笑的困境，讓她身上帶著一種放不開的害羞。

在職場看到那些落落大方的同事們，同事身上帶著一股什麼都不怕的那股自信，她心裡想「只有那些人才是老天爺寵愛，她是不可能幸運的。」這種同事夥伴表現比她好太多的時候，更讓她看見自己有多麼差勁，她想起弟弟，她覺得弟弟從一出生就得到老天爺送的禮物，弟弟出生時就很可愛，瓜子臉大眼睛再配上兩個甜甜的酒窩，雖然是個男生但天生迷人，而她小時候就被形容「大餅臉」、「叉北」，弟弟出生後所有人的眼光都在弟弟身上，好吃的好玩的第一個先拿給弟弟，大弟弟兩歲的她覺得自己什麼都得不到，弟弟也是家裡唯一上幼稚園的孩子，幼稚園畢業典禮小女生太少，弟弟還被改裝成女孩扮演新疆公主跳舞，實在太可愛，連從小都這樣忌妒弟弟的她都看得目不轉睛。

她跟弟弟從小就是絕配，弟弟不愛吃蛋白，她則不愛吃蛋黃，每回吃到滷蛋時她們倆的默契就出來了，馬上交換彼此不喜歡的部分。從小就得天獨厚的弟弟，大家都特別疼愛弟弟，對她而言弟弟就是眼中釘，在家裡年紀離她最近的二哥都大她六歲，她跟弟弟自然都是被疼愛，爸爸媽媽如果碰到什麼好事，就會買蘋果回來，她跟弟弟是唯一分到兩顆蘋果的孩子，她小時候很能吃，一下子就把兩顆蘋果吃完了，弟弟的胃口很小，一顆都吃不完，別說是兩顆，她貪吃就會去求弟弟分給她吃，弟弟怎麼可能分給她，求了一陣子沒有進展，結果沒幾天她跟弟弟在玩躲迷

藏，竟然在床底下發現一顆完整的爛蘋果，她好生氣馬上跑去跟媽媽告狀，但是媽媽卻像沒什麼事發生一樣沒有罵弟弟，她好傷心，她傷心的是為什麼我那麼想要的東西卻得不到，而弟弟卻多到可以把東西丟掉，從此她更加討厭弟弟。

小學時候在家裡她會跟弟弟打來打去玩遊戲，就在小三那一年有一天，她在跟弟弟玩推門的遊戲，一不小心弟弟用力推開，在門內的她突然跌倒，腳跟不小心被書櫃的鐵架角割破，看著她的腳跟鮮血滴在地板上滿灘的血，一下子她和弟弟兩個都嚇呆了，她看到媽媽來了，她就放聲大哭，媽媽趕緊抱著她往醫院裡衝，她在媽媽懷裡看著弟弟驚嚇的表情，她生平覺得第一次她贏過弟弟，她要證明爸爸媽媽您們要選我這邊才是對的，只有我能讓您們依靠，當她想到這樣她越是放聲大哭，她看見小時候弟弟因為這件事被爸爸狠狠修理！

國高中的時候，愛面子的她喜歡買一些東西，她討厭在同學面前什麼都沒有的寒酸，有時候她會偷媽媽錢包裡的錢，剛開始十塊二十塊錢偷拿，後來膽子愈來愈大，偷一百塊兩百塊錢，剛開始媽媽也不清楚錢有被偷拿，直到有一天金額有點多大概三百塊，媽媽叫她和弟弟跪著，開始拷問她們倆個，狡猾的她裝著一臉無辜的樣子死命不肯承認，弟弟說了幾次不是他拿的後來就沉默不說話，媽媽後來認定是弟弟拿的，死命用藤條打弟弟，過了這件事之後，她跟弟弟好像就很少在一起，長大後兩個人不是像陌生人要不像仇人針鋒相對。

在一次課程中，老師帶著同學做身體連結的靜心冥想，那時後她連結到右手時害怕被欺負的感受，事後她分享右手害怕被欺負的感受，老師那時點她一下說「害怕被欺負的人通常才是先出手欺負的人。」原來一直以來她以為是弟弟存在讓她喘不過氣來，是她自己捉住「得不到」感覺，牢牢銬住自己，她從心底懺悔「對不起，請原諒我！」這麼多年來一直把弟弟當作陌生人甚至是仇人，原來是自己那在一直不被看見的陰影，該還給弟弟一個公道，是自己內在的陰影產生的匱乏，看出去的人都不對眼。

魚逐小語：匱乏讓人失去信心。

四、彼得定律下的陷阱

早上準六點就起床，開始一早的準備，獨自在國內的她早已習慣跟兩個女兒生活的步調，一直在自由業帶業務團隊的她，這兩年又多了一個身分是老闆，只因一股熱情，三個朋友共同創立一個企管顧問公司，三人老闆再加上一位業務助理，就這樣成立公司。

剛創立時是從完全不會到要搞定，在面試助理時，她一天下來八位面談者，兩位合夥人都建議她選其中一位工作經驗豐富，可是她的直覺卻看重另一位，年紀最小話也最少才是她想選用的，她繞了圈讓其他人贊成她的眼光，她覺得自己那顆心好弔詭，為什麼她沒有guts對著合夥人直說「就請你們聽信我的選擇，有什麼事我來負責！」她總是想辦法繞一圈來讓別人贊同她的話，她在怕一個感覺，她好怕別人不信任她，她害怕別人否定或拒絕她！

她回憶起從大三開始半工半讀就從業務做起，她培養的客戶她都花很多心思，拼命做許多事，可能超過一般業務培養時間兩倍三倍，即便如此，當她要開口跟客戶提出她的企劃或建議，每回她都必須先花精力自我建設，她才敢開口，在她的腦袋瓜一直有個信念「我一定要做得比別人多許多，不然我連一點點成績都沒有。」如此強大的信念深植在她腦袋。在工作領域上她總是費盡心力，因為她只有一個人，她認為這世上沒有人會幫助她，如果成果不如預期，一定只有一個因素是她努力不夠，一定是她哪裡做的還不夠還不夠還不夠，她一向用力的努力，突然在這個時候讓她感覺到一股心酸，在努力打拼面具下，藏著自己從小到大有多想要藉由外在光榮的工作頭銜來證明自己，證明自己是風光有價值「somebody」的一號人物，原來在她的內在那個不敢走過阿嬤小房間的小女孩駐紮在她心裡，好像遠方總有個聲音傳來「豬沒肥去肥到狗，沒菜！」（台語），這個魔咒像是孫悟空的緊箍咒一直不停在她的腦袋盤旋。

像是她工作二十多年來，不管在保險業務或者是後來自己帶業務團隊，她的工作領域總會出現個她認為的死對頭，就像她人生第一份在保險工作，她辛辛苦苦簽下的第一份保單，是她花了二十八天時間天天去找客戶才有的成果，二十歲的年紀家裡又反對她從事保險工作，沒有有效的經濟人脈下，她甚至連跟路邊攤買蚵仔麵線的老闆都培養成她的好友，最後成為她的客戶。每個客戶都是她戰戰競競步步為營的培養起來，她被視為公司的奇葩，被關愛的眼光不斷。

過了沒多久，公司登報增員，來了一位會抽菸只有國中畢業的女同事，經過她的面談而進來公司從事保險業務，當女同事進公司時也剛好公司分下來客戶資源，單位的業務員都很開心，多了一塊收費資源大大增加業務員保險開發的機會，女同事受訓完就馬上有收費資源使用，很快在公司分配的收費區簽下大金額的保單，在她看來女同事怎麼可以這樣輕易就可以談成大保單，女同事專業知識也沒有，什麼東西都還要請教她，業務員外表專業形象也沒有還常常叼根菸，而她總是要花上許多時間和精力，卻還沒有達到她想要的成果，她心裡想「為什麼女同事表現這樣，我究竟哪裡比不上她，連老天爺都要站在A女孩那邊，而沒有站在這麼努力的她這邊！」這種感覺讓她覺得很痛苦，這種重覆痛苦的感覺一點也不陌生。

這種感覺帶她回到小時候，她一直強烈認定弟弟是她的死對頭，她覺得所有的好運都在弟弟身上，弟弟聰明討人喜歡，甚至連女生專用的形容詞「秀氣」也只會用在是男生的弟弟身上，而她總是被媽媽說是「叉北」（台語：粗魯的意思），她的眼淚流下，她將近四十年來的眼睛一直只望向一個地方，這地方是她小時候認為弟弟身上有的而她身上所欠缺的缺角，她是個有缺角的圓，她痛恨弟弟，只要弟弟出現，好像就有個提醒她有個缺角，提醒她自己什麼都沒有的狼狽樣子。喔！MyGod，原來存在她眼裡是這樣看待弟弟和她自己以及她們倆的關係，長久以來她跟弟弟就是不對盤，而她的職場總是會出現一個她想像的勁敵，即便她重新換了職場，或者是她認為的勁敵離開了她的職場，可是過沒多久，就會再出現那個相似她勁敵的影子的人出現。

魚逐小語：在職場上工作夥伴，投射你生命故事的不同角色，認出來就會看見恩典。

當你學會祈禱，
你就認識無限大的力量！

第二章

在恐懼中依然相信自己

一、天生直覺的恩典

她再度想起當年，走在校園高高瘦瘦的年輕女孩，有時候她回想自己在大學常常覺得沒什麼，日子就過去了，好像是匆匆忙忙趕上課，上了大學又想迫不急待的想賺錢，一路走來的人生都在無止盡趕往下一個階段，升上了大三，保險臨時聘任考核也通過成了正式業務聘雇人員，因為是本土的保險公司，在那時代業務員大部分都是家庭主婦二度就業的時期，所以公司很多都是歐巴桑業務員，像她這樣在念大學就在保險公司銷售保險，她算是開路先鋒，在公司常常也會有特殊禮遇，一段時間後她已經能掌握上班做保險業務的節奏和大學法律課程，在時間忙碌的節奏下她喜歡東摸索西摸索，社團的活動也熱衷參與，甚至擺在所有事物的第一位，從學校社團在校的訓練與活動中，培養出一群跟家人般的朋友，每年寒暑假出隊去花蓮山上，整組隊員在山上，做活動、吃飯、聯歡晚會……，甚至連睡覺大家都在同一間教室裡打地鋪不分晝夜二十四小時相處，不論是否在同科系，那種深刻情誼，那是她在家裡面對大她許多歲的哥哥姐姐的身上得不到緊密的感受。

可是從小到大她一直期待自己是個出色的人，譬如說考試第一名，在學校什麼比賽第一名，好像都沒有如願的拿到什麼稱頭的獎狀，大學時不管是學校成績或是保險競賽，她的成績或競賽結果都是中間值偏後面，大部分都會安全過關，至於上台領獎或者是單位業務競賽，她就不會是那號上台領獎第一名的響叮噹亮眼人物，她一直渴望被大家看見，是那種能影響大家，很希望聽到從別人口中說出「哇！你是個很棒的人！」很希望大家看待她的眼神會特別不一樣。

回首她年輕歲月的來時路，她曾經以為自己的人生故事的版本會是「從小為自己奮鬥，自大學起就半工半讀完成法律系的課業，刻苦耐勞堅持不懈考上律師或司法官，在自己的專業占有一席地位，為了讓所有的人對她能投以羨慕的眼光！」可是她為什麼要這樣的羨慕眼光來回應她，她想起從小到大對自己有種nothing「什麼都不是」的感受，就想到自己小學就是髒兮兮，乾乾癟癟動作又粗魯的孩子，小時候放學回家的路上會經過一排花園小洋房，她只要看見她的同學，乾淨小女生回家是回到別墅，她就好羨慕，小洋房裡沒多久會傳來彈奏鋼琴的聲音，她覺得那走入小洋房裡的同學就好像是公主樣的尊貴，小洋房應該就像是天堂，她只要回家經過小洋房那條街，她就想像自己住在小洋房裡像小公主一樣生活，那種想像帶給她一種淡淡的幸福。

可是有一天放學，下過雨後雷陣雨的下午，她一如同往常走過那條小洋房街道下坡路段，趕上她的是她同班同學的一個小男孩，他非常調皮，常常被老師挨打與罰站，小男生是老師最討厭的學生，而她大概是老師第二討厭的學生，她和小男生全身就是髒兮兮不討喜的孩子，在她小小的倔強心裡還會想她總算還贏過小男生一些事，她跟小男生不一樣。下過大雨後的街道幾乎被一個大窟窿給擋住，窟窿滿滿都是髒水，她正想辦法度過大窟窿，沒想到小男生從後面趕上來，沒說一句話就蹲下撿了一手小石頭，突然起身往她前面的窟窿拼命丟石頭，她還沉醉在幻想的公主夢來不及反應時，身上就被髒水一波一波地濺髒，她狼狽怒吼著，她愈喊小男生愈開心，最後小男生索性去撿到一顆像頭這樣大的石頭用力往她身前的髒水窟窿丟去，她被一坨高高的髒水濺的連頭髮都濕了！小男生開始大笑，經過的同學也開始在笑，她本來平常就是一個人獨來獨往的沒有什麼朋友，沒有人願意伸出援手替她說一句話。她那天好孤單，她狼狽哭著跑回家，沒想到回家後媽媽沒有問她發生什麼事，還拼命指責她說「妳這個野女孩，放學不好好回家，是跑去跟誰玩，玩得一身髒兮兮的。」這時候她心裡就會有一個聲音出現告訴她：「她知道她這輩子不可能像個美麗的公主過日子，那幻想的日子是無法到來，她怎麼可能過好日子？」她愈想愈傷心，竟然被一個比她還糟糕的人欺負，沒有人願意幫她，她覺得自己糟糕到底！連心裡那一絲僅存的公主夢都要被銷毀，哇！她發現就在她小學三年級的時候她的心裡已經下了一個決定「自己很糟糕，糟糕到連不入流的人都會欺負她！」突然間這句話從心底出現，她嚇一跳！

不對不對，這樣的感覺好像不是只出現在小學三年級的時候，應該更早，她好熟悉這種感覺，她想起來是媽媽，媽媽身上也有過這種感受，她記得更小的時候看到媽媽哭得好傷心，後來她聽到是來自小姑姑的的事，小姑姑很小時候因為生病發高燒傷到腦袋，所以智商只停留在五或六歲的智商，阿嬤非常重男輕女，所以阿嬤只要生出女兒就會送出去給別人養，唯獨小姑姑因為腦袋受傷所以送不出去，只好留在家裡長大，智商只有五、六歲的姑姑不太會照顧自己，再加上阿嬤實在不喜歡女生，家裡的妯娌都不太理會小姑姑，唯獨媽媽會特別照顧小姑姑，甚至在小姑姑嫁給大她三十歲的老男人時，家裡的人都怕惹上麻煩，只有媽媽幫小姑姑準備婚禮需要的禮品，身上沒錢還去借錢買了一條金項鍊送給小姑姑當結婚禮物，那是小姑姑唯一的嫁妝，結婚沒多久，不懂事的小姑姑竟然學著二嬸在罵身為大嫂的媽媽，我看見媽媽哭得好傷心好傷心，我知道這件事徹底傷透媽媽的心。她的真心付出讓她好傷心，媽媽的傷心不是在氣小姑姑，而是在氣老天爺做這樣的安排，這樣會讓人失去信心與希望。

她那時候雖然很小，但她完全感受到母親的「真心對待卻換來無情的恥笑！」她跟媽媽受委屈的感受一模一樣，不是要責怪小男孩和小姑姑，因為他們都有他們的狀態，而是心裡最想吶喊問的是「為什麼老天爺要安排這樣對待我們，我們到底怎麼了？讓我們傷心我們是多麼努力和認真活著，老天爺為什麼您要如此對待我們？難道我們不夠好，不夠好到您來疼愛我們呢？把生活的希望隨時可以拿走，怎麼可以這樣子！」

她從小學三年級就開始不相信「神」，「神」一點都不保護我，我為什麼要信「神」？小小的她決定只相信自己，我要靠自己的毅力和能力讓自己站在讓別人羨慕的高高位子！

魚逐小語：不相信並不代表不存在，只是還不願意相信。

二、關鍵時刻的選擇

回想在大學三年級一腳踏入保險業的她，在一邊念書一邊做保險業務，同時忙碌學校社團的事，一晃眼在學校的時間就要過去，就要畢業了，她的導師是拿美國牌的律師，印象中老師就是打國際官司，所以飛來飛去很忙碌，所以在畢業前跟學生的生涯規劃指導，只好老師去拜託老師的老師，研究所的所長來與學生一對一面談，她還記得她跟系秘書約定面談後，她就開始緊張了，尤其是在前夕她非常害怕，同學們都在準備司法官考試，要不就是律師特考，再來就是應徵各大公司的法務，她還是那個在同學眼中搞不清楚狀態的同學，她想想都學了六年卻要放棄這條法律人的路，自己也會不斷質疑我是否做了正確決定，她問自己學了六年，她知道之後若是走上工作途徑，工作就是面對許多紛爭和衝突，心被這些她認為繁瑣的事鎖住，她不認為自己在完全踏入社會時，還選擇這條她已經不愛的路，她選擇繼續在保險業奮鬥，但是她想到要進系辦跟崇高地位的所長報告她的想法，她的同學們都是往這條專業的路進行，她跟教授報告，她一定會被罵得很慘，會被嗤之以鼻的對待，她想到這裡頭皮都發麻身體僵硬，已經到約定時間還是得進去。

腳步一踏還是進了系辦公室，她進了系辦身體有點蜷縮，頭只敢微抬高輕輕說「教授：您好！我是某某班某某同學。」教授請她坐下來，還幫她倒杯水！教授坐在她對面問她說「妳畢業後的規劃是什麼？」有這麼一刻她想轉變她的想法去迎合大部分的法律系畢業生會說的說法，但話到嘴邊她還是鼓起勇氣跟教授說「我畢業後會持續在保險業奮鬥」，她正等著要被捱罵的時候；這時候教授微笑跟她說「妳怎麼會有這麼棒的想法，跟其他的同學很不一樣，但是是很前瞻的想法，因為在美國保險已經完整又完善，在台灣保險還剛起步，有很多機會去讓保險臻於完善，而妳在這個時候做這樣的選擇，是很不容易的選擇但是非常聰明，可以再問妳為何沒選擇有關法律的相關工作的發展？」她侃侃而談她的個性在法律這條路，在人生經驗剛開始不想一開始就接觸悲觀的那一面，社會的黑暗面，況且初入社會的我們涉世未深，只因為發憤K了幾年的書就考上法官檢察官，在整個案件的掌握和刺探犯人的應對經驗不足，反倒是容易被犯人運用……，教授聽完頻頻點頭，深深的讚許，還祝福她走在保險這個事業能幫助許多人完成她們的夢想！

輕快的步伐走出系辦公室，這是她當時在很多人都不看好的行業中卻能堅持自己的想法，謝謝當時的教授給了她很棒的鼓勵，好像在她的人生中當有不確定迷惘的時候，總會出現貴人拉她一把，給她及時的力量。她回想在生命關鍵選擇時刻，有種無形的力量支撐，讓她在最重要的時刻選擇相信自己的直覺，而且在這個重要關鍵時刻中，在選擇之前也都會碰到困境讓她懷疑自己是否應該按照自己真心想要嚐試的路徑。這是她人生一個很重要的關鍵時刻！

經過保險十多年的成長與學習，她覺知自己在這個行業碰上瓶頸，她開始尋求轉變，一開始她尋求突破她在保險業務的盲點，她決定邁向「高資產客戶」。花下十多萬的錢去跟會計師學習遺產贈與稅法規與節稅，希望藉由這個管道服務客戶進而提升她自己專業形象來開發金字塔頂端客戶，同時她也和幾個朋友合夥開了一家咖啡廳，就在這一年她碰到她人生的最戲劇的轉折點，彷彿生命要帶她往另外一個層次去發揮。一次沒有預約見面的機會，同事帶著同事以前的老闆一起來咖啡廳找她，同事說他們現在用了一家傳銷公司的保養品，而介紹同事用產品的朋友，是同事以前的老闆，因為她自己對傳直銷行業有不好經驗，所以她非常討厭傳銷。顧不得同事的情誼與老闆的難堪，她直接下逐客令，可是同事和前老闆很有毅力一再拜訪她，一次兩次三次拜訪，她再也不好意思拒絕，認真聽同事前老闆訴說他這兩、三年來的經歷，知道那陣子是同事前老闆人生跌入谷底的時候，她開始從拒絕及防衛的態度轉向，她看到當一般人在完全面對自己失敗時，造成現在困窘的狀態時，很難啟口跟別人談起，多數人想拼命掩蓋自己許多的不堪，可是就在這一刻她感受到「真實無遮掩道出自己的困頓時」，蘊藏著無比的勇氣，她敞開耳朵真正聆聽，她發現同事的老闆不卑不亢地訴說他的想法理念，這些觀念值得她再思考再學習，讓她看見一個新學習的目標，這種直覺讓她從完全排斥到願意去接觸行業，她其實有種不怕被騙的膽識，她知道怕得是不敢嘗試而錯過人生機會的遺憾。

決定在自己的事業加入傳銷業的領域，身邊的好友和同事問她「為什麼要跟著一個負債和事業失敗的人一起奮鬥？」她選擇事業共同打拼的合夥人，不應該看得是現在既有的利益，選擇的關鍵更是合作夥伴面對自己的勇氣和度量，她覺得她已經碰到她事業的貴人，雖然貴人正在面臨人生谷底，但她認為只要努力很快就會成功，她一旦決定做事就會全心投入，一開始家人和朋友開始不斷勸說「這是個大家都討厭的行業，妳在保險業已經耕耘這麼多時間，何苦再重頭打拼？」最後她堅持自己的選擇，讓她的生命又得到一次翻轉的跳板。

魚逐小語：沒有好壞對錯的生命旅程，只有專屬自己的生命旅程。

三、不畏人言的孤單

她身上有種孤單的能量，小學國中幾乎都是一個人玩耍回家，上了高中也是那種個性獨立什麼事都是自己說了算，不會想回去跟爸爸媽媽或跟家裡的兄弟姊妹商量討論，家裡的兄弟姊妹好像彼此的對待是害羞的方式，她常常不由自主羨慕那些跟家裡相處愉快的同學，漸漸長大之後反而跟朋友們相處自然愉快開朗，家裡的大哥在家裡就是木訥寡言不善言語，可是有一次她聽跟大哥感情很好的堂哥聊天，堂哥嘴中的大哥幽默愛講笑話工作更是認真，親戚們都超愛大哥到家族的公廳或家裡聊天，只要有大哥在場子就會很熱鬧開心，她聽完堂哥的話心裡想的是這是她認識的大哥嗎？跟在家裡的個性完全不一樣，可是她想想自己不也是如此嗎？

在家裡總是不喜歡說話的她，出門後跟朋友相處的她雖然表面看起來和樂相處的她，會給人有種距離，她自己也會害怕跟人相處，怕自己是否會做錯什麼，得罪朋友而傷害友誼破壞關係，她對關係會害怕而常常不知所措，是那種極度對自己沒自信的個性，後來慢慢在跟朋友相處中，她會想要去幫朋友做什麼事來建立彼此的關係，起初她是不自覺自己有這樣的舉動，後來在幾次的課程靜心中，她發現她會用「自己對別人有用的感覺」來刷她自己的存在感，好像透過她不斷辛苦為別人付出，是來證明她很棒是有用的，高中時跟同學一同住校，她就會自動把寢室的地板全拖上，這樣同學會稱讚她，會覺得跟她在一起做朋友有許多好處。慢慢長大她在家中也有這種慣常的模式，不麻煩父母不替父母惹麻煩事上身，所有她自己的事她都要先想好，上大學的學費生活費她會想盡辦法打點好，並不是這樣做是錯的，而是在她這些的行為之下都是為了證明跟家裡的男生比，她們女生有可有用得多了，尤其是跟弟弟比較，她可比弟弟好多了。

三、不畏人言的孤單

甚至已經結婚嫁人，只要爸爸媽媽有事，她就馬上跑回家處理，並非她這樣孝親的做法是錯的，而是在她骨子裡根深蒂固認為她就是要跟弟弟做比較，讓家人覺得她才是這個家的真正需要，所以做到了最後她愈做愈委屈，並把家裡的兄弟姊妹趕得遠遠的，在無形當中她投出的壓迫情緒會讓家人受不了。而她也愈來愈不開心覺得責任都在自己的身上，對朋友總會不自覺訴說自己的委屈和偉大，在工作的職場也是，發現在不同的工作沒多久後，她的職場總會出現與她勢均力敵的對象，而她們，總是形成彼此是對手的競爭力量，而她在職場也是拼了命做事，去換取她的存在是對公司對這個團體是多有幫助的，在一個她不自知的隱藏動能下去奮鬥。

後來在一次的課程學習中，她看見在自己內在已設定好答案的人生，不管是在同學在她的家庭在工作職場上，她都在好努力好用力地爭取她一席位置，她是她生命中最不可思議的大導演，她在主導這齣苦命孤單的大戲，而她同時是這齣戲的最佳女主角，她想演出她們家庭的絕地拯救者，原來她這麼用力所作所為背後的動機都只是要證明她認為那毫不起眼的她是多麼有用有價值的。深藏在她內心的那個聲音是「毫不起眼的她、可有可無的她」。

她看到這裡她發現她一直在對她的生命下定論，扮演「毫不起眼的、可有可無的她」劇本中，捉著以為的孤單悲苦的情緒演出，在不同的發生事件，永遠只用力捉著相同的「孤單悲苦」的角色在巡迴演出。她問她自己這樣的劇本她還要繼續演多久，她看見自己生命就完全如同像老鼠般在籠子裡踩輪子一樣，她要放下這個角色。才能在不斷重覆自轉循環的陀螺變成一個明白不斷重覆自轉循環的陀螺，生命還是會不斷重覆自轉循環，但是再深入裡面會不會有我們以前想都沒想到的東西呢？

她想再往生命更深處探索與敞開，恩典總是會馬上回應內在真正的渴望，就在一次她的貴人老師的形塑課程中，老師提到希臘神話的薛西佛斯的故事，那個被眾神懲罰日復一日每天做著同樣的一件事，從清晨搬石頭一步步將巨大的石頭推到山頂，一搬到山頂，石頭就從山頂再次滾落，周而復始，每日每天無止盡的重覆開始，那看似人生最大的沒有盡頭的折磨，如果看清了都還願意敞開承載生命的各種可能性，這不就是生命最不可思議恩賜的禮物嗎。

魚逐小語：生命在某種重覆不可抗力下有體驗的過程。

四、只要能感受愛，百分之一的勇敢就夠了

小時候喜歡去姑姑家，原因是姑姑是她認識唯一嫁給外省人的長輩，姑丈的外省腔很重，大部分姑丈說的話她是聽不懂的，但是姑丈對姑姑和孩子們都很好，她沒看過姑丈罵過小孩或姑姑，姑丈講話也不會帶罵人的髒話，是個和藹可親拿著公事包準時上下班的好爸爸形象，不像她的爸爸，叼根菸穿汗衫短褲拖鞋，吃飯時還會把一隻腳翹到椅子上抖著抖著吃飯，就是工人的樣子，回家時一身汗臭味加上全身髒兮兮的樣子，她不喜歡爸爸是這樣的人。

她希望自己的爸爸是像姑丈一樣的爸爸，她甚至覺得這樣的爸爸讓她很丟臉。她知道爸爸是多辛苦賺錢養家，但小時候的她多希望老爸對她輕聲細語的問候，有個體面的工作，就像童話世界公主是被這樣環境給呵護長大一般，想到這裡，自己小時候有多希望成為公主樣，而她只認識姑丈一個外省人，原來外省的爸爸都是這麼疼小孩的，尤其是女兒不但不會跟兒子有差別待遇，甚至他們更疼女兒，不像她

從小生長的家庭，她的阿嬤已經認為女兒們都是賠錢貨，一點價值也沒有。媽媽也是，自己都遭受婆婆不平等的待遇時，沒有心疼女兒，還是都把最好的資源都留給了兒子，尤其是對弟弟總是特別的偏愛偏心。她小時候會在心裡一直埋怨媽媽，她看到嫁給外省人的姑姑也對自己的女兒更是疼愛，她一心一意只想當姑丈和姑姑的小孩，她覺得只要換過去當姑姑和姑丈的孩子，她就會變成有氣質大家疼愛的公主小孩。

她想起小時候爸爸帶他去兒童樂園的時候，在玩樂場入口時，爸爸會將小小的她扛起放在肩上，手指著前方高高的新生北路高架橋上，跟她說「你看！這是爸爸蓋的橋，每天都有好多的車子經過。」那時候在爸爸肩膀的她，眼睛往下看著爸爸，多崇拜爸爸的眼神。漸漸長大些，為什麼對爸爸只有要求，成為她需要的爸爸形象，而不是去感受父親對她的愛，父親能給她的全部的愛。

從小並不相信有神的存在的她，媽媽帶她去廟裡求神拜佛祈求全家合樂平安，她會跟著做但她壓根沒感覺，她覺得如果真有神，為什麼會給她這樣的環境和家庭，為什麼有些東西讓她得到一會兒，隨即又要拿走，神總是在宣告她的人生就是不值得幸運也不值得幸福，她不喜歡她的生命一切，她的家庭，她的爸爸媽媽，她的兄弟姊妹，再再宣告她就是不夠好的那一群人，她怎麼會喜歡神呢？神為什麼從來沒有對她顯化奇蹟，她真的差勁到連神都不願理會嗎？她選擇與其相信神還不如相信自己，她一直覺得自己不是幸運兒，她認為老天爺只會看見別的人，不會看見髒兮兮的她，是她自己認為「我一定要很好，很厲害，很乖巧，很……」沒有這些好的條件的她，所以她從小一直很努力也很用力讓自己有這些好條件，她覺得因為自己從小沒有弟弟好看，大家注意的眼光就不會在自己身上，她很用力地看到自己身上缺乏或不足的地方，拼命想要補足這些距離，她怎樣也看不到她有的。

魚逐小語：恩典給出的剛剛好的需要，只是我們無法認出來。

覺知是第一步，也是最後一步！

第三章 遇見你的魔法恩典

一、永不停止的學習

她會開始熱衷學習，一開始跟她選擇的業務工作有關，剛開始在業務線上的學習，除了工作專業學習外，其餘就是自我激勵和團隊激勵課程。有一天公司的晨會訓練介紹訓練課程，講師分享「人的訓練手冊」，只有聽過電器有使用手冊，沒聽過人也有使用手冊，她很好奇也有興趣，晨會後她抓著推廣課程的講師拼命問問題，那年她二十八歲，剛生下老大，遭逢人生最大金錢關卡，她被人連續倒帳，揹著龐大的負債，幾乎天天被錢追著跑，一堆票款要軋，是她人生最狼狽的時候，偏偏這個狀況是她搞出來的，一心想要快速買房子把房貸繳清，開始拼命跟會存錢，沒想到一連串倒會，再加上利息滾利息，滾出千萬債務，連老公也被這些債務拖下水，搞得老公的股票分紅來還債還不夠，兩夫妻每天都追著錢跑的，她心中有很大的愧疚覺得對不起老公，都是因為貪心利息錢的她想一心求快，才會落得如此下場。而愈愧疚的她愈愛對老公發脾氣，像個神經質的潑婦。

一、永不停止的學習

當她聽到有關「人的訓練手冊」的課程，她想這個課程或許可以幫她走出一種困境，好像她愈想用力賺錢，錢卻離她愈遠，而她自己整天像個不能停止的陀螺轉呀轉，就是沒法子轉離這個困境，她是公司唯一報名的一個人，而且是當天就馬上報名的。同事們都覺得她一時衝動，已經整天追著錢跑，開玩笑還馬上交出三天課程學費三萬多元，她還是選擇立刻報名。

上了三天課程，是她心靈課程的第一個啟蒙課程，還記得老師一上課就教一個口令：「來，3、2、1」專注在你想要的狀態，課程裡有「過火」的大活動，在過火的行動前，她感受到恐懼未知的心情，面臨她的恐懼這樣赤裸裸攤在面前，一百多個人十個小隊，每隊的加油聲震聲隆隆，在她要過火前的那一剎那，她什麼都無法想，她只能選擇相信她自己，即便腦袋裡傳出無數個竊竊私語說「你行嗎？你以為你是誰？老師說說你就相信嗎？那是因為別人值得被鼓勵，哼！你算什麼東西……」一聲音凍結瞬間寂靜，她跑了過去，她跑過終點時她哭了，開啟她以前都不知道就是心靈成長那扇窗，上過兩個階段的她，開始思考到底生命是什麼？為什麼會來到這世界，什麼而言對她是重要的事，她想要的是什麼？小時候的她想著快快長大，生活上的選擇權能自己掌握，生活就會變得不一樣，拼命希望趕快有錢起來，因為從小到大家裡會爭吵不斷的罪就是沒有錢，就是因為「沒錢」，大家都不快樂，她好希望自己能趕快有錢，有錢可以掙脫悲慘的人生狀態，她想讓自己和家人有錢，她渴望長大的動能就是成為有錢有勢的大人物，來讓大家看見她這個人的存在，而不是個可有可無的人。

活動結束後的那個晚上，她在房間裡哭得好傷心，第一次上心靈成長的課程，開啟了她一個新的視野，從小看事情就是只有一個天空的想法的她，竟不知道世界這麼多的事，她對自己和自己想要想做的事一無所知，她以為只要靠自己一個人努力拼命去做就會成功有錢，有錢後她和家人就會開心，日子就會變得很美好，她是這樣想的，有時候總會響起一個聲音說「妳行嗎？你以為你是誰？你憑什麼有這個能耐？」她才發現給自己最多最難堪的羞辱和阻擋的聲音，都是自己給的，外在別人給她的困擾都不及她自己阻擋的十分之一，她感受到一個新領域的途徑。

一、永不停止的學習

她順著這個生命渴望的聲音，走上她靈性修習的道路，她並不明白為什麼她會選擇踏上這條路，甚至覺得自己像個不明白事理的傻子，那樣子好像在戀愛的戀人，說不出所以然可是卻知道心想要什麼，自然就想往那個方向去。但也不時碰到內在許多衝突，腦子裡會想我這樣做對嗎？沒有可靠的資訊和完整的知識，就憑著我的感受和直覺就妄下決定，可是外面的朋友好像不是依循「感受和直覺」在面對自己的人生，她常常覺得自己是混亂的，她是異類，從小到大都是那個團體會忽略的異類，但是在小小腦袋瓜裡卻又裝著「偉大的夢想計畫」，大部分的時候，她覺得自己是那種沒有準則的神經病，接者開始在不同的成長的團體上課學習。就在懷疑和相信，反覆和自信翻來覆去的過程中一路成長。

魚逐小語：把生命前進步伐放在渴望的焦點。

二、小心落入學習的陷阱

她從唸書時就在業務工作衝刺，一直想要自己在職場的團隊是「最被重視的」明日之星，她的角色也很討喜，在那個大家都覺得拉保險的年代，在一家本土公司裡同事很多是家庭主婦轉職，在職場她是那種受注目的被期望的異類，努力在工作力求表現，總算有一些成果，這些被注目的眼光對於小時候在班上默默無名的她有了種依靠的自信。

可是在職場好不容易奮鬥到一定的位置，出現一個人與她互別苗頭，搶走她的風采的同事，同時也領先她的位置拔得頭籌，而這個人沒有她認為的優勢條件，在公司其他的同事也都不怎麼喜歡這個人，更氣的是旁邊的同事總有人來跟她數落這個同事的缺失，這個同事就是有辦法做到大客戶的業績，她好忌妒這個人，怎麼可以輕易地得到，她卻費盡千辛萬苦才得到的成就，她要做很多，拼命得做才能有一些微的成果，她想到從大學起一早起來上班，上班結束後緊趕著上課，晚上十點多她還繼續衝刺業績，她很用力很花時間，可是她的對頭角色就不一樣，她看這些人自私只會為自己的利益爭取，對公司對團隊只會頤指氣使吩咐，從未曾為團隊做事，她的業績可以輕易就做到高額業績，只要他們業務績效亮眼就好，這樣全公司的人還是羨慕他們，同事們上司們對同事也是敢怒而不敢言，她打從心底厭惡這款人，她心裡常想「哼！你算哪根蔥！」她受不了討厭這樣的事發生在她身上，這種情形就好像在告訴她「我有多麼比不上這個人！而我這麼努力，老天爺您都看不見我嗎？」

她想換另一個地方就好了，換到沒有這個人存在的工作，這樣就沒有這款討厭的人吧，就不會再有這種情況發生吧！而她換了分公司沒多久，舊的同事也轉到同一家分公司一起工作，她氣爆了，為什麼同事要陰魂不散跟著她，後來她轉換另一個職場，她不喜歡規律重覆的工作，她選了有前瞻性的眼光的行業，自己帶團隊的系統創業，證明自己的眼光是挑戰自己對她來說是非常重要的事，努力兩三年小有成就時，在同一個事業區塊又出現她認為的「死對頭」，她常常在工作領域擺個臭臉，發脾氣總是端個架子，最氣人的是對方的業績常常勝過於她，做事很有效益，不像她像陀螺樣做事，耗盡時間體力，才會有一些些成就，所以她得花費更多的時間與精力去追上這個距離，日復一日這樣她覺得身心疲憊。

有一天的靜心課程中，她連結到為什麼她的工作職場總讓她變出一個死對頭，來讓她感受她自己怎麼做，都像是在追趕一個她無能為力達到事情，工作與事業奮鬥的年數愈長，愈讓她疲於奔命的感受，沒有樂趣，她總是追不上那個在職場領域的死對頭，即便短暫追上一兩次，她只有一會兒開心的感覺，她覺得只是一會兒僥倖，老天爺不會常常眷顧她的，隨即她就在擔心下一次的競賽，這種感受讓她想到從小到大在家裡也是，弟弟就是她的死對頭，弟弟是天之驕子與天俱來的幸運兒，而她算什麼？她沒有弟弟的漂亮聰明這樣受任何人的疼愛，所以她要靠自己努力向上，她覺得沒有與生俱來的好條件的自己，就該努力靠自己一點一滴努力去學去積累，所以她一直一直很努力的做事，但是做愈多積累愈多，並沒有讓她輕鬆一點快樂一點，她好似是在老鼠籠裡一直踩著輪子的老鼠，看似很用力的老鼠拼命想要掙脫輪子下的命運，卻怎樣也掙脫不了，她哭得好傷心，在靜心中她看見她一直將小時候對待自己命運的詛咒放在身上，不經意地偷渡在腦袋的思考途徑裡，到了某個時間點就會不自覺地播出來，她瞬間明白外在的發生都不會是個問題，是我們自己的腦袋是怎樣在看待這個外在的發生，而讓小時候經驗的傷痛不斷挾帶在感覺裡，重覆帶我們進入一種「我有多麼不值得被幸運對待，我的人生沒有奇蹟發生的可能性。」的感受。當她真實看到她自己不斷重覆對待自己的方式，她明白了，她明白不需要靠贏過他人來證明自己存在的價值。而這齣一直重覆上演的職場受害劇終於可以落幕了！說也神奇，在職場的死對頭的角色也因緣際會離開共同的事業領域。

魚逐小語：生命沒有假想敵人，除非你給他力量。

三、魔鬼與天使的爭戰

她是個看著外面的眼光而活的，那種典型完美主義者，她有著奮力學習正向的思考，她後來想想跟感官強迫症的症頭一樣，只是她的病狀是，樂觀進取超正向思考強迫症，初期在上成長課時她期待自己是個做事優雅不犯錯的人，努力學習成長希望自己成為一個「更」棒「更」優秀「更」討人喜歡的人，所以她努力在這個過程中改變自己，同時她也在這樣的過程中，拼命想要改變身邊的人，當然最想改造的就是枕邊人「老公」，她們夫妻同時踏入成長團體七年，老公會踏入成長的團體中，是她說了算的霸道結果，好友打電話給她，說有一個對她老公人生有很大幫助的課程，她在電話中問了費用上課時間後，當下就決定幫她老公報名課程，晚上回到家只說我幫你報名幾月幾號三天的課程，課程費用多少下星期給我，記得提前跟公司請假。

就這樣子老公就去上三天的成長激勵課程，課程結束後，不積極懶洋洋的老公，突然轉性戒掉多年來每天必喝兩三瓶的純喫茶，她不知道在老公耳邊唸過多少回，老公都改不了，還有更怪的，還開始每天跑步鍛練身體，她很好奇到底這是什麼課程，能讓消極的老公換了個性格似的，老公上完課後積極改造而過新生活，並沒有讓她覺得開心，這是她一直希望老公能改變他的「懶散」的性子，她應該開心才對，可是當老公越是積極轉變，她心裡反而不是滋味，她在旁邊用酸溜溜的口氣潑老公冷水「哼！我看你就是一時興起，我就不相信你能維持幾天，頂多一個星期就該偷笑啦，什麼課程的魔力就是讓你熱活熱活幾天罷了！」她在拉老公下水不想老公比她成長的速度快，而且最讓她不舒服的是老公不是因為她而轉變，而是一個她上都沒上過的課程，反而轉變老公的長久積習。

她生氣就賭氣的報名課程，帶著踢館的情緒想要一探，課程到底葫蘆裡裝的是什麼仙丹靈藥？她自己上完三天的課程後，覺得太嗨，就狂跟身邊的親朋好友同事分享，多希望身邊的人也能馬上跟著一起收益，生命有多麼棒的可能性，她看也不看別人不明就裡驚恐的神情，就是希望自己快速轉變，身旁的人也能一起跟著轉變，當身邊的朋友不予理會或者沒那麼熱衷，她的心情就會盪下去，家人和同事輕輕的一個眼神，讓她覺得好像在告訴她「你是傻瓜嗎？上了課業績也沒有更高更好，脾氣也沒有更好，啊上課是有屁用！你以為靠課程就可以改變你身上原有的基因嗎？你以為不快樂的過往就會豬羊變色變成快樂？你在痴人作夢。」她從別人一個眼神就讓她情緒禁不住潰堤，正面積極的時候，又讓她能量滿滿信心十足，在這樣極大的衝突裡，她開始真正往內看自己的天使與魔鬼。

她的開始都一樣，一心想上完課回來，自己身上就能有些菩薩的特質，拼命想要改變自己，希望變成好人，帶著愛來寬恕身旁的人，能允許別人在工作上做事的方式進而欣賞，她愈是想這樣做這樣說她愈痛苦，明明她就是不喜歡這個同事做事方式，可是她卻強迫自己很溫和客氣地，沒想到說沒兩句話，這個同事更不得了，語氣更囂張的對待她，更頤指氣使對待她，讓她更想捉狂！

剛開始她不明就理，她以為她先低聲下氣對方就會改變，這個低聲下氣的對待，並不是她打從心底想的，其實她只想改變她和同事的相處狀況，她以為只要同事間和平相處，就可以有更好的做事品質，所以她只是想改變自己也想改造同事，她沒有真誠對待自己內在的想法，自然也做不到從心出發去對待同事，她只是換了一種方式來控制，這時候她才恍然看見，她還是在用一個虛假的面向來對待，很多時候我們在工作上，都已經習慣防衛自己，看了太多的書學了許多的知識，這個時候她明白自己用多厚的防備，來對待與她相處的同事，一直以來以為：都是這個同事在找她的碴，讓她有多不信任在工作職場的人事物，她一直在看見自己身上有「多麼沒有」的部分，逼得她自己要更努力用力的改變，才能在職場立足才不會被欺負，最終卻成為連她自己都不喜歡自己的人，她在這裡徹底崩解，她決定走向真心的自己！

魚逐小語：真實比完美更有力量！

四、制約能夠冒險的潛能

她努力讓自己在職場是個工作能力超強，又會照顧團隊的人，只要有學習的機會她拼命學習，她的內在也同時存在一種不安全感，害怕自己先天的本質被發現，為什麼害怕讓大家看到真實的她呢？從小一直力爭上游的那個小女孩，是多想讓這個世界看見她，然後讚賞她是個了不起的大人物，可是啊，腦袋裡卻有一個牢不可破的想法，會認定她沒有擁有成功特質，那些發光發熱成功的人有的特質，她總是感覺自己是個怯懦，意志力薄弱，沒有好的家世背景來協助她，喜歡做大夢不切實際，一股熱勁卻沒有腦袋（蠢的意思），善良老實卻沒有快狠準的生意個性，甚至風水輪流轉的好運，她都不認為她會有這份幸運。

一直刻意想要徹頭徹尾的改變，上課學習努力，仿效偉大成功人物的奮鬥故事，初期她上課的目的就是改變自己，改造她身邊的人事物就會改變她的宿命，改變她的命運就會改變她生命擁有的條件，她討厭看見自己無能的那一面，應該說是害怕看到軟弱無能的自己，所以在工作上她只會選擇工作能力強的人和自我要求的人，但同時跟這樣的人相處時，她又會拼命把對方當假想競爭敵手，不斷想要超越對方來證明自己的勝利，而對於那些一旦被她看出能力比她不足，她會止不住在心理評判貶低她們，她的不耐煩的個性馬上顯露，她甚至認為這些人沒有存在她眼前的必要性。她愈是這樣的偏激，她的工作場所愈會出現不入流的人，常常會把一個工作能力超強的人搞成無能的人。然後她又忍不住地嫌棄。

她向外學習標準成功範本的人生和工作模式，對於她自己身上獨特存在的特質，不去探索及認識，不認為工作職場成就她的重要元素，她不認為對她自己會是個重要的事，她只往外看到外面別人的成功，向內看的時候永遠嫌棄自己的不足，她開始成為嚴厲指責自己的劊子手，在攏盪的步伐裡拼命想要改造把「這個我」換掉，最恐怖的是，可怕的她總是在「這個我」的身上看到爸爸的影子，她害怕這個影子，她認定這個影子是個失敗者，她要他的爸爸是勤勞認真努力工作，一輩子照顧好家裡的人，她討厭她的家，她生命的前二十五年都在努力跟她的家庭保持距離，爸媽是道地的本省人，她就要像個外省孩子樣，爸爸是土水工人，媽媽是清潔工人，她就要是個讀書人，不要跟爸爸媽媽一樣，是個無法擺脫命運作弄的人，生活在社會低階層。

在職場的時候，她不斷修習管理學商場的知識，期待讓自己符合幹練和精進理智的管理特質，符合一般普世的價值，同時在身心靈領域學習成長領域，她多愁她善感，她常常止不住的掉淚，是她另一個面向，是讓她有回歸真實的自己的不需要武裝起來，在工作領域不讓人有機會地碰觸她脆弱真實的一面，她害怕在職場上顯露脆弱那一面，她認為這樣的表現是不合格。

她早期上心靈成長的課程是偷偷摸摸去上課的，她不敢讓工作的人知道，她可以大方請假說要去度假要去玩，但當每次上心靈成長的課程時，她就會陷入兩難裡，好幾次是要出國前，在登機口時才發了簡訊後通知公司，再趕緊把手機關上，怕看到責備她的回應，連親自打電話都不敢。為什麼在別人看起來這樣簡單的事，對她很是難面對的關卡，因為內鬼存在她心裡，她總覺得是別人在刁難她，公司和團隊絕對不會站在她的立場理解她。

有一次公司舉辦全組織的訓練課程，請了專業的訓練團隊做使命感的課程，幫助團隊的每個人釐清個人這輩子最重要的使命感，課程後老闆說整套套數他已經學會，所以一對一幫助每個人去找出使命感，輪到她時當她說出，她想當一位身心靈的導師時，馬上被老闆引導希望她能做的位置，這件事放在她心上好多年，她從未對任何人提起，但在她的心裡一直有個疙瘩，她一直認定在職場的老闆不喜歡她在心靈領域成長，她雖然沒有從嘴巴說出怪罪的話，她心裡卻認定了是老闆阻擋了她在靈性成長的修習，她確定她在靈性上的學習一定會被阻擋，所以即便她在靈性修習有什麼好，可以運用在工作上的她也不分享，除非有人先提出時，她才會順著冷冷地說可以怎麼做。

一直以為自己是被老闆扼殺她的夢想，直到有一天她在課程聽到一個芭蕾舞者的故事，她當下眼淚流下。十三歲的兩位美國女孩，同時申請美國芭蕾學院的申請入學，兩位同時收到芭蕾學院的退回申請信，原因都是「沒有舞蹈天分，腿和雙腳都不符合芭蕾舞者的腳型，所以直接拒絕她們倆的申請。」一位接受這個結果，離開芭蕾舞的學習，在二十多歲嫁做人婦成了賢妻良母，二十多年後再度重回芭蕾舞學院指著評審說「就是您們說我不適合跳芭蕾舞才迫使我離開！」一位則是*MistyCopeland*一路走來不放棄堅持芭蕾舞者的夢想，雖然相對於芭蕾舞者她的身材不夠完美，但她能秉持著這個信念，十五歲成為舞蹈界的明日之星，十八年後拍攝*UnderArmour*廣告以國際專業級的芭蕾舞者告訴大家「***I WILL WHAT I WANT***」！

撼動她的是這世界沒有任何人能阻擋她真心想要成為的人，是她自己捉住別人的話語來阻擋她自己，讓別人成為代罪羔羊，在那一刻起她選擇回歸真實的自己，愛哭愛笑重情重義在意心裡感受，承認賭徒性格的自己活出職場上的真實的她！

魚逐小語：喜歡自己獨一無二的生命劇本，因為你就是創造者。

每個人生來就是天生贏家，
問題是我們從不認為自己是天生贏家。

第四章 解開身上的限制性的密碼

一、總是被搶走的好運

她的姊姊們都長得漂亮，只有她常常被親人笑長得大餅臉的叉北（台語粗魯難看的人），她小小的心裡一直記得大家叫她叉北，她認為自己長得不好看，可是姐姐們就不一樣，姐姐們都非常漂亮，又很會唸書，都是靠自己半工半讀完成學業，最會唸書的是二姐，靠的是自己的意志力苦讀，姊姊在舊家半夜大聲朗誦背書，常常被鄰居罵的印象，她覺得好厲害，她覺得二姊是那種做什麼事都會成功的人，果然，姊姊年紀輕輕就考上代書，白天跟朋友一起合開代書事務所，晚上繼續唸夜二專，花樣年華的姊姊自然不乏追求者，其中有位追求者很喜歡姊姊，常常到她們家來，陪爸爸下棋，來到家裡這個帥氣的哥哥會帶禮物送給她和弟弟，她心裡多希望帥氣的哥哥天天到家裡來。

一、總是被搶走的好運

第一次看到的巧克力糖果放在好美的咖啡色的盒子裡，是一顆一顆放在切割得整整齊齊格子裡，就是帥氣哥哥帶來的，帥哥哥每回到家裡總是帶給她和弟弟驚喜不斷。爸爸已經最疼她啦，還常常給她五毛錢可以買一顆「金桔仔糖」，是一顆像龍眼那樣大的糖果，是一顆糖含好久，吃到下巴要掉下來還吃不完，帥哥哥每次帶來的巧克力都不一樣，一樣的是入口即化溶得她滿嘴的香甜，一直到現在她還記得那滋味！

幸運的事好像在她身邊留不久，帥哥哥送到家裡的禮物只要碰到姊姊在家，姊姊就會拿起來再想辦法送還回去給帥哥哥，大部分的時候她都只能眼睜睜看著：二姐拿走禮物再送還給帥哥哥，她知道姊姊這樣做才是對的，不可以隨便收別人的禮物。可是每當短暫收下禮物時她都有一種想法，可不可以這次可以收下禮物就好，有這麼一次讓她能擁有一次就好，她在心裡這樣想著。

那一年很快的新年到來，她在心裡期待帥哥哥的到來，帥哥哥過年不知道會帶來怎麼樣的驚喜，她想平時帥哥哥帶來的禮物就讓她覺得「哇！」今天是過年，一定會更不一樣的驚喜，她一整天都在期待著，她想著想著就會微笑，果然帥哥哥帶來很不一樣的玩具，但她還沒能拆封，就被姊姊拿過去，姊姊趕緊拿去還給哥哥，禮物再一次被拿走！她好難過。

過了一會兒，帥哥哥趁著姐姐不注意的時候，偷偷塞了一個紅包給她，她手握好緊好緊的，好害怕被姊姊看見，她好緊張，可是又要裝著什麼事都沒發生的樣子，她慢慢走去爸爸身邊，假裝很認真在看帥哥哥和爸爸說話聊天，她真的很緊張緊張到身體都不敢動，不知等了多久，爸爸和帥哥哥終於聊完了，帥哥哥已經站起來告辭！她先鬆了一口氣，送帥哥哥出門！等到她送走哥哥過了一會兒，她偷躲在家裡公寓的樓梯間，輕輕靠著貼著紅皮的鐵欄杆，手上還是抓著那個紅包不肯有一點放鬆，她又在樓梯間待了一陣子，時間過了好久，她覺得應該差不多了吧，哥哥不會突然跑回來了，姊姊在家裡忙了吧，這時候她把左手不知道握了多久的紅包袋，慢慢地鬆開，她吐了一口氣看著那個紅包袋，雙手有些顫抖撐開紅包袋，哇！一疊紅橙橙的百元大鈔，她原本以為只有兩張一百元，她就很高興，沒想到，是一疊百元大鈔，她把鈔票小心的拿出來數，一張兩張三張……地數，數到最後竟然有十二張百元大鈔，她高興到呆掉！

怎麼辦？要不要跟姊姊說，這麼多錢，不行跟姊姊說，跟姊姊說了就什麼都會被拿走，我不管這是帥哥哥要給我的，我偷偷收下就沒事，這是我的我要留下來，正當她鐵下心要騙姊姊時，沒想到姊姊就站在她後面，姊姊問她說「你在樓梯間做什麼，怎麼待在這麼久？」她嚇一跳不知道怎麼回答時，姊姊看到了她手裡的紅包，姊姊說「拿來，快點拿來，你剛剛怎麼不說，你不知道不可以隨便拿別人的東西？」她不知道哪來的勇氣，她跟姊姊說：「不要，這是哥哥要給我的，為什麼要拿給你，我不要！」姊姊生氣了「妳快給我拿來，我拿去還給哥哥。我們不可以隨便收別人的禮物！」姊姊拿走手上那個厚厚的紅包，她哭了，哭得很傷心，她不明白為什麼她不可以收下這個紅包，不可以有好事發生在她身上，她一邊哭一邊跑下家裡的樓梯，一路衝到家對門的小山丘，寒冷過年的冬天，小孩都在家裡過年路邊玩鞭炮，平日熱鬧的小山丘那天特別的冷清空無一人，只有她一個人孤孤單單滿臉淚水站在小山丘的風口上，十歲的她心裡吶喊著「為什麼我不能是個幸運女孩，連已經到手的幸運都要被拿走！」

魚逐小語：信念影響我們不自覺地重覆一樣困境。

二、注定困窘的命運

七個孩子的工人家庭長大，從小她就看見她們家是怎麼被錢追著跑的，家裡樓下的小巷口有間雜貨店，家裡的東西都跟雜貨店拿比較多，原因就是家裡賒帳的時間比付現的時候多，所以回家經過小雜貨店的時侯，她總是快步的趕快走過，害怕小雜貨店的歐里桑歐巴桑叫住她，叫她回家趕緊叫爸爸來付帳。

不只是日常柴米油鹽醬醋茶的賒帳，就連開學了要繳的學費，七個孩子同一個時間要繳學費，對一個平常家裡經濟就很拮据的情形下就是個困難，那一年她小學升上二年級，開學了她拿到繳費單後就馬上交給媽媽，可是家裡那一陣子特別拮据，媽媽每天早上叫她起床上學，沒有把學費拿給她，開學的第一週的時間已經過了，大部分的同學學費都已經交給老師，班上只剩下四個還是五個同學沒交，她是其中的一個，老師到學校的第一件事就是跟這些還沒繳學費的孩子收費，她每天回家都想馬上跟媽媽說「媽媽，您明天的學費一定要給我喔，因為老師一直在催，而且老師好像很生氣了。」可是只要一回家看到媽媽皺著眉頭，她的嘴巴就是開不了口問媽媽。第二天早上到了學校，老師一大早就會當著全班的面問她「學費？」她不知道怎樣回答老師，每次都回答老師說「她忘了跟媽媽說學費的事。」第二個星期的時間也過去了，媽媽還是沒給她學費，那個星期日的晚上，她想到明天早上老師又要問，她沒辦法啦，她只好跟媽媽開口問，媽媽只說「再過兩天好嗎？」她也不知道該怎麼辦？她只好點點頭，可是那天晚上要睡覺前，她發現媽媽躲在房間裡偷偷掉眼淚。她躺在床上假裝已經睡著了，因為她也不知道該怎麼辦？

星期一的早上再怎樣不想去學校的她，還是得起床去上學，走到學校的時候，她心裡好難過，她不知等下會發生麼事，她走進教室，老師還沒到，她在自己的位置坐下來，兩眼失神盯著她的桌子發呆，過了一會兒老師進教室了，班長宏亮的聲音喊「起立敬禮，老師好！」可怕的時刻要到來，她聽到老師的聲音說「×××和○○○你們兩個這學期的學費到底要不要交？你們出來到老師這邊來。」她頭低低只望著自己的鞋子不敢看到同學的表情，她心裡想好丟臉，同學們一定很討厭她，她怎麼辦？她走到老師旁邊，同時班上那個男生也走到老師旁邊，老師又再問了一次妳們兩個到底是怎樣，她不知道怎麼跟老師說家裡的情形，老師怎麼問她，她一句話都沒說，跟她一起被老師罵的那個男孩還在跟老師嘻皮笑臉的，老師說一句，男孩頂三句，最後還跟老師說「不然老師可以到我家找我爸，我爸也會這樣跟老師回答的。」老師聽到這句話更生氣了，馬上叫她們兩個罰站在講台上，一個在左邊，一個在右邊。她覺得非常的丟臉，更讓她覺得糟糕的是，她跟班上那個最髒不時還會罵台語三字經的男生一起罰站，她竟然已經淪落跟那個男生同一等級，她在心裡本來還有個小小的希望，至少在班上還有個男孩在她後面，現在連這種僅存小小自信也被打落谷底，她還剩下什麼呢？他們被老師罰站一整天，隔天又是一整天，她超級恨她被罰站在講桌的這一段，她一直記得這種厭惡自己到極點的感受，讓所有同學都看著她這樣羞辱狀態，這件事是她童年少數記得的事，如果生命某些時段可以拿擦擦筆擦掉重來該有多好。

從那一刻起，她想要快快長大，長大對她而言表示自己可以掌握的事，長大之後只要有關於要繳學費的時候，不管是她自己的還是孩子的學費，她總是在第一時間繳費，因為她總是會擔心萬一最後一天繳不出學費的狀況，她覺得她會無法忍受這樣的事再度發生。

魚逐小語：我們內心恐懼的是過往不想經驗的傷痛。

三、殘酷的弱肉強食

她是個倔強的小孩，從小不愛說話，在小學班級上就是個邊緣小孩，在班上是個不討喜的小孩，還有跟她一樣小男孩，只是比她更像邊緣小孩，這個小男孩在她心中的位置，至少是有一個人比她還常被老師修理，她起碼還不是在老師面前是最差勁的，她現在回想起覺得自己小時候幼稚又帶點小邪惡的想法很好笑，但在她當時小小的心靈幫助她有種支撐的力量。

直到有一天學校放學的下午，一如往常她一個人走在放學路上，那是個炎熱的夏日下午，放學前下了一場午後雷陣雨，不少路上積滿水的小水坑，當她經過小山坡下的路口，她發現路口一大攤水，她正在想辦法小心不碰到那一攤髒水走過去，她突然聽到對面傳來班上那個小男孩的聲音，小男孩身邊還站著個她們班上的男孩，只是這個男孩是班上老師很喜歡的男孩，這兩個男孩平常都不會在一起的，她還不知道什麼事情的時候，那個跟她一樣髒兮兮的小男孩就哪顆大石頭往她前面的髒水丟，髒水被潑了上來濺了她整身，接著班上另一個男孩也向她前面丟了個石頭，髒水弟二次濺上來潑到她的臉上，她全身濕透又髒兮兮狼狽的樣子，又有一群同學走過來，她聽到同學在笑她的聲音，她連回頭看都不敢，她只好用跑的越過那攤髒水，水再度濺的她滿身都是，她看到那個她以為不如她的小男孩臉上掛的勝利笑容，她完全被打敗了，連小男孩那種人都有朋友，都有某種時刻有人會站在他那邊，而她呢？她什麼都沒有，什麼也不是，她到底算什麼？她被比她還差勁的人欺負，還要被一群人嘲笑，她邊跑邊想「對，我就是這樣差勁的人！」回到家還被媽媽大罵一頓。

她不知道小小的年紀為什麼就有這個想法「覺得自己就是個差勁的人」，她想起大二那年的事，她高中的時候，因為家裡太小，哥哥娶了老婆，家裡沒有多餘的房間，她去結婚的姊姊家裡住，大一時哥哥有事搬出去了，她終於可以搬回家裡住在哥哥之前的房間，她很開心好像從小的房間都是跟姊姊一起的，終於有獨立的自己的房間，可是，好事不長久，過了一年多，哥在外面又闖禍混不下去，有一天就突然跑回家裡，叫她要把房間還給哥哥，她沒說什麼？當天她上完夜間部課程，一回家就看見家裡的陽台上擺滿她的所有東西，她的東西全被丟在陽台上，她看到很生氣又傷心，爸爸媽媽怎麼可以讓哥哥這樣對待她，而她的爸媽一句話都沒說更何況制止。她好難過，怎麼連爸爸媽媽都這樣對待她，都沒有站在她這邊替她說話，甚至連安慰的話都沒說，她也不想問爸爸媽媽，她隔天就出去找房子，迅速搬離她的家到外面住，她每每想到這裡，心就會特別的痛。

因為她總是會想起她就是會被人遺忘，被人當作是可有可無的東西，她很想對天大喊：「天啊！祢為什麼讓我是徹底沒人要的人！」

魚逐小語：我們在我們以為的生命腳本生活！

四、不要忘記心中的渴望

她很小的時候，大概在念小學之前的年紀，心裡很想成為一位公主，是那種白淨淨看起來很優雅的公主，但她心裡始終知道自己沒有絲毫條件成為公主，在她小學放學途中會經過小山坡，其中沿路走來的三百公尺，旁邊一側都是漂亮的別墅區，每當她走過那一段小山路的時候，她會故意把腳步放慢，慢慢地愜意地走過想像自己是其中一戶的小女兒，幻想自己屬於那裡某一間房子的人走進那大門，房子裡傳來優美清脆的鋼琴樂聲，而她是彈奏優美音樂的人，幻想畢竟是幻想！

在她小學三年級那年，大她九歲的大哥，國中畢業就去工作的大哥有了賺錢的能力，知道她想去學鋼琴，特意從自己的微薄薪水留下一部份的錢讓她去學鋼琴，剛開始她興高采烈去學琴，去了幾堂課她開始不想上課，因為她想去學鋼琴是因為她羨慕學鋼琴的女孩是公主，可以住在像城堡裡的別墅，她真正羨慕的是同學的身分地位，她學了幾堂課發現無法帶給她想要的，她就不去上課！

從小她不喜歡自己是髒兮兮家庭沒什麼顯赫的名聲的孩子，所以她一直想掙脫自己命運，幻想是有氣質優美的家庭裡成長，她一直很努力讓自己成為不像這個家庭裡長大的孩子，她不願意認同她的家庭。她認定這樣的家庭是沒有能力保護她的，連一個在班上比她差勁的同學都可以欺負她，是她沒有顯赫的家世或有錢人家，沒有有能力又上得了檯面的爸爸或媽媽，她認為都是她的外在條件不好才會這樣，所有她不能成就都是她的成長環境很差，她沒想過自己可以為家裡做些什麼，來改善家裡，她只想到她自己有什麼和沒有什麼，所以她一心想要掙脫這個枷鎖。

她看不到爸爸媽媽為她做的事，想要孩子更好的心，她無法體會她擁有的是稀世珍寶，是家人溫暖的對待與無私的友誼。她要的是這個家庭給她更好的經濟與物質條件，她認定就是擁有這樣的資源就會成功。她是這樣認定她人生最重要的事是這個「大家都在追尋」的價值，有房子就會比較快樂，沒有缺錢為錢所苦快樂就會多多，可是等她長大有了兩間房子了，她的快樂並沒有多一些，為錢所苦欠下千萬債務當什麼都還清的那天，脫離為錢而苦的日子，她有短暫的十分鐘想要歡呼慶祝，那是她終於不欠別人什麼？但是她的快樂並沒有再多一些？到底什麼才會讓她快樂多一些？是她長大之後一直放在心裡的一個問號？

魚逐小語：快樂不需要追求，任何狀態都是完美。

這世界沒有別人，透過愛與支持伴侶，
我們其實是在學習愛自己！

第五章

勇敢面對愛的課題

一、背叛後的沉痛醒來

有人聽到她是分隔兩地生活的夫妻，脫口而問的是「妳會不會擔心？」有時還沒等到她回話就會接下來繼續的說：「我跟妳說，所有的男人都一樣，到了外地就會變成另一個人，因為男人根本就是下半身思考的動物，你要小心，千萬別太相信在外地工作的老公。」剛開始，她對這樣的話心裡非常反感，幹麼沒事像說是非去挑起一個人的恐懼與擔憂，她討厭好多人對自己的事不上心，對別人的事又過度關心，說這些沒建設性的話。說到底她在發什麼怒？她在生氣為什麼她們感情這麼好的夫妻，要為了經濟因素分隔兩地生活，她甚至認為是她的錯，是她自己對金錢沒有概念，持家做得很差勁，她老公才這樣辛苦跑到外地工作，讓一個很愛家很愛女兒的人，因為遠距的工作關係，無法在女兒重要時刻陪女兒，無法參加女兒的畢業典禮。

一、背叛後的沉痛醒來

分隔兩地讓她感覺在孤單的狀況，常常沒人陪她說話，她有開心或難過的事情要透過電話或視訊來聯繫。有時候老公在外地工作忙或晚上要應酬，就算她想要透過電話說說話，她需要等待，等待著老公會議結束，等待著老公應酬結束，有時應酬結束已經醉茫茫，還要再等老公隔天清醒，她討厭極這種「等待」的感受。

她是敏感的女人，每當等待的感受襲擊她的時候，她的腦袋會開始胡思亂想，她想著應酬旁邊是否有女人陪著，那種燈紅酒綠的場所，為什麼非要去那樣的場所，還是看起來忠厚老實的老公，她自以為很了解的老公，其實不像她所認識的這樣單純，還是她自以為是相信老公只是因為她心裡像蝸牛的心態，躲在殼裡自己也不想面對真相，但同時她也生氣自己的胡思亂想，把自己心愛的人想成「不信任另一半」的那一面。這種複雜地反覆的情緒翻滾，常讓她半夜睡不著，情緒翻滾整夜。有時候她情緒上來不能控制時，也會隔著跨洋電話大吵，那時候飆起來已經不管電話費每分鐘十元或多少錢，半個鐘頭一個鐘頭卯起來吵，甚至在電話中哭或者打通電話卻又賭氣不說話。

那年是她們婚姻快要邁入二十年，結婚後前面的十年兩人天天在一起生活，但所有的重心都擺在兩個女兒身上；後面的十年是老公開始到外地工作，夫妻過著聚少離多的日子，那一陣子也是她生命困頓的時刻，她自覺她的人際關係冰到谷底，她選擇不告而別逃避她多年來修習的一個團體，這樣的感受她一點都不陌生，是她慣有在面對人際壓力時，只要碰到臨界點她就選擇全盤放棄，逃離後她需要不一樣的空間，她決定跑到老公工作的城市待一個月，但是她始終靜不下來，一個月的時間很快就過了。

結束一個月的休息她回到家，身體卻發現有些不適，她到醫院檢查身體，她聽到醫生對她說她感染了，她壓根也沒想到自己會發生這樣的事，她心裡還在想會不會是醫生弄錯了，她鼓起勇氣打電話給老公問到底是怎麼樣？沒想到她聽到一個驚人的答案，老公在電話中懊惱跟她說：「那一夜他跟業務應酬續攤到了酒店，醉到不醒人事，醒來在飯店跟一個女人……」她沒有聽完後面的話，她腦子一片空白，後來電話不知道是如何掛掉的，她開始有種想吐的感覺，她甚至不知道自己有什麼反應，她覺得有些事情變了，她的世界也變得怪，她曾經這樣相信的事原來是謊言，她不知道她人生還應該能相信什麼，有比死還難受的感覺，就是她原本信任一個人一件事可以永遠不變的，原來是謊言，從頭到尾就是個背叛，而她是徹底不願意看到真相的傻子……，她該怎麼辦？她該怎麼辦？她該怎麼辦？

她想死，為什麼要讓她覺得這輩子不可能有人愛她，卻出現一個人用他真心誠意打動她的心，讓她卸下心防，相信她的世界出現那個人愛她的，真心永不變，卻在相知相愛二十多年後，讓她發現原來是謊言，她想吐！她覺得一切都變得不真實的，她不知道老公過往說的哪一句話是真的，一切的一切都是假的虛偽的，這世界她還能相信什麼事？她不知道自己晚上怎麼睡著的，她甚至不知道白天她是否該起床，好像一切都不再轉動，一切都沒有意義，吃飯沒有味道，不知道該做什麼事，甚至女兒叫她她該不該回答？她甚至不知道她的腦袋該怎樣思考事情，眼淚會流、鼻涕會流，可是她該怎麼辦呢？她恨老天爺，她本來就不相信有人可以愛她的，老天爺您為什麼給了我希望，又要把希望拿掉，我討厭您！她像個無助的孩子癱在沙發上！

無知無覺癱了兩天後，她不出門也不接老公的電話，就在第三天的晚上，她好像該想想她該怎麼做，那時後她想到唯一的一條路「倆個人應該要分開了吧！」當這個聲音出來時，她開始無法控制的嚎啕大哭，她覺得好傷心好傷心！一直以來她覺得可以隨時離開老公生活，直到這一刻，她發現原來她是如此深愛老公，她無法想像離開老公生活，她無法想像要離開一個她這麼愛的人，她碰到內在說不上來很深的愛，在這個時候她沒有「這世界不會再有人來愛我」的感受，她只知道「自己好愛好愛一個人」的感覺，她感受整個人都在愛裡！她碰觸到很深層愛的力量，沒有被背叛的感受，她知道那是讓她看清楚事情發生的狀態，而她在乎的是什麼，她知道真心想做的下一步！

她拿起電話撥給老公，老公接起電話說：「真的對不起，是我做錯了事。」她問：「你是否還愛我，請你一定要很誠實的回答，因為這對我真的很重要。」老公回答說：「當然愛了，請妳原諒我犯下的錯誤！」她說：「經由這件事，我才發現自己有多愛你，這個愛讓我是真真切切感受到，我並不想跟你分開，我會誠實面對發生的事件，但請你不要帶著內疚對待這個事件，這個部份我無法幫你，你要靠自己努力，但我不需要你用『對不起我』的內疚狀態來面對我，我們好好的再繼續好嗎？」老公說：「謝謝你肯原諒我。」老公真的了解她真心想表達的意思，她很感動，原來愛是這樣而且它一直都在！這件事情過後，感情本來就很好的她們，對彼此有種深刻的感受！整個事件的發生原本對她而言是結婚二十年的背叛禮物，瞬間明白讓她真正認識愛接觸愛的禮物！

魚逐小語：挫折是認識自己真心渴望最好的工具。

二、無盡分離的意義

她明白了，自己為什麼可以在短短的三天，經歷原本以為是她無法承受重重打擊，她最親愛的人讓她墜到谷底的背叛，卻成了認識愛碰觸愛的神聖過程，這是她多年來在靈性成長課程跟著老師修習而成的功力，學會放手讓自己完全經驗，你以為痛到底會死掉，真正經歷過後，痛到底竟然是讓她看見跟明白她深到底的愛，她彷彿想到存在某種感受，反覆在她生命中發生的狀況，她記得她們倆結婚初期，老公是個剛進入高科技公司的一般工程師，老公是個標準的工程師，只想在工作的職位上穩穩把事做好，孩子小的時候，公司一直想要外派老公到國外工作，老公還是想辦法留在台灣工作，一直到女兒小學時，因為家裡經濟因素老公申請到日本升職工作。

恰巧那年也是爸爸生病那時後，老公跟她提要申請外派工作時，一直以來都在職場忙碌的她，認定自己是獨立自主幹練的女生，並不是哪種凡事依賴老公的女人，她想老公去就去沒關係，很多事也都是靠自己處理，況且男兒志在四方，老公肯向上奮鬥，她應該很帥氣馬上答應，她也這樣做了，很快的就在那年元旦過後，老公飛機一坐就到國外工作。剛開始她有工作的事，有孩子的事有家裡的事，還要照顧癌症住院的爸爸，她只覺得每天有好多事要忙進忙出，到了晚上累到倒頭就睡，忙碌從來不會是她的障礙，有多久了，從大學半工半讀開始，一直以來她的時間忙習慣了，也忙麻木了！

只是爸爸的癌症惡化速度很快，她的心裡有好多糾結的事，她是那個許多事都是她出面跟爸爸溝通，當要從她嘴中告訴爸爸說「目前醫生判斷身體狀況不樂觀，爸爸要有心理準備。」要不「爸爸有什麼想法？」要不「爸爸您希望身後事如何處理？」她心裡有許多掙扎，每回要開口她都要聚足勇氣深呼吸讓自己能開口，她離開醫院後想要找人說說談談甚至商量，倔強的她突然覺得沒有一個人可以聽她說，唯一可以訴說的人在卻在國外，她心裡有種說不出的苦，可是她討厭別人看出她的苦她的軟弱，所以壓抑著所有情緒，只要一回到工作場合時，她會裝做沒事繼續工作，她覺得那是維持她面子的一個方式。

爸爸惡化的速度很快，不到一個月的時間爸爸的身體就虛弱到只剩一息呼吸，在安寧病房皈依三寶佛的爸爸，沒等到那年過年年節，爸爸在要過年的一星期前過世，家人商量不想讓爸爸留在冰冷的冷凍庫過年，要趕在過年前出殯讓爸爸安心入塔，老公收到訊息快速回到台灣，陪著她到爸爸告別式結束，又趕著回到工作崗位。直到爸爸身後所有的事都結束，她也鬆了一口氣！

就在所有的事都忙完的時候，孤單的感覺開始襲擊她，她覺得生命中好像突然少掉些什麼？做什麼都突然沒有動能，變得什麼事對她而言都不重要了，她每天晚上都睡不著，早上則不想醒來。但是她有工作和孩子要照顧，怎麼辦？到後來她早上醒來的唯一理由，就是她要照顧孩子上學跟她的工作，她維持她原本留下應盡責任的部分，除非例行性工作非不得以她不出門，出門也是盡快把工作完成後她就回家，回家後她就躲進房間裡什麼事都不做，有時候狂哭有時候狂叫，最恐怖的事情她控制不住情緒，奪命連環打電話到國外找老公，發瘋到公司關閉國內公司轉接國外電話，她再繼續用跨洋國際電話打，失去任何理智的她，也不管電話費用瘋狂打電話，懷疑老公的行蹤，一直質問，對任何老公身旁的同事風吹草動都要問清楚，還是不放過！電話掛掉後再繼續哭，她不知道自己怎麼了？對於這個失控的自己她沒有辦法。

等到晚上孩子快要回家時，她要趕緊收復情緒假裝什麼事都沒發生，陪孩子吃飯，等到孩子睡著她回到自己的房間後，又開始胡思亂想，她努力維持表面一種正常，可是大部分的時間她把自己關在家裡，所有跟工作沒有關係的朋友她都不聯絡，也拒絕任何朋友找她！她知道她生病了，可是她不想去找任何幫助，她每天都在重覆經歷一種她每天都有孤單的感受，她小時候以為她只要長大了，做很多事或者有錢了，這種感受就會不見，她沒想過這種感受會重來，而且來得力道一次比一次深，這次她根本無力招受，讓她陷入竭斯底里沒有希望的恐慌情緒黑洞，她有極大的「無意義感」在心裡，她知道自己不應該如此這樣，過往她是如此想要生命活得有意義正向希望，怎麼這些東西對她現在居然不具任何意義，所以伴隨極大的恐慌她覺得她要變成廢人，而這輩子她最害怕自己變成廢人，因為她身邊好多的廢人，逝世的爸爸她就認為是廢人。

她以前認為爸爸離開人世她一定不會很傷心，她也不會想念爸爸，可是為什麼爸爸才一走，她就好想好想爸爸，會想到她的生命動都不想動，那個從小在心裡就認定換掉爸爸，她的命運就會從髒小孩變成公主命的她，認不出是誰滋養她生命，讓她長成她生命最美好的樣子，她現在才理解她從來不要她的生命是公主夢，直到這一刻她才明白她是多慶幸成為一個工人的的小女兒，這一刻她才明白她失去生命百分百呵護她的人！

魚逐小語：面對傷痛最好方式就是完全進入傷痛。

三、久違陰影的回顧

從一路修行與學習的課程中，她一次又一次看見從小在家中沉默寡言的她，一直覺得跟家人很生疏，她想這輩子應該就是這樣，她真得不太會跟人相處，所以這輩子大概不會有人想要跟她再一起，她想她到老都會是單身一個人過日子。抱持獨身主義的她在高中談過一次純純的戀愛，後來彼此考上不同的學校，相處的空間和時間的轉換感情漸漸轉淡就分開。高中和大學時期和異性相處都像哥們的她，其實內在有種很深的魔咒聲音「她並不覺得這輩子會有人真的愛她」，所以跟異性都像哥們般相處的她，只要對方一稍微表示好感，她就開始打哈哈裝傻帶過去先溜再說。

老公是在同一所大學的學長，她們的相遇是在社團活動的攤位上，老公後來跟她說對她一見鍾情，所以對第一眼看見的她穿什麼衣服，遠遠從學校操場走過來的身影，深刻留在老公的腦袋裡，喜歡上她的男孩展開攻勢，上下課時間會自然而然的接送她，會陪她聊社團的許多事，剛開始她以為社團同學相處，就像兄弟姊妹的情誼，所以她並不知道男人那時候是在追求她，所以她也沒有像過往的經驗般防禦老公的追求，直到半年後男人約她出去散心時，回程中騎著野狼125載著她的男人，乘著耳邊呼嘯的風聲，鼓起勇氣問她說「妳覺得我們倆的關係像什麼？」她才驚覺男人是在追求她，她假裝聽不懂男人的問話回答「社團的情誼真好，大家都像兄弟姊妹相處一樣融洽」的話語帶過。

男人聽懂她的婉拒之意，她之後也開始刻意閃躲老公一陣子。就在她刻意閃躲的這段時間，她才發現她已經對這個男人動心，同時她也不斷想起男人對她的好，把她當作公主捧在手掌心呵護，但她心裡也害怕著，萬一她接受這份感情日後若變心變質，她覺得自己沒把握可以承受這樣傷心的過程，從小她就認定自己會是個「沒人疼愛的人」，她也接受這樣的想法，所以她努力的靠自己不依賴任何人的想法，就怕相信或倚靠另一個人結果希望落空後，她還有勇氣可以再站起來嗎？她沒有這把握。但是她真的很喜歡這個人，兩人相處時總是讓她自在，可以開心可以輕鬆可以自在表現她的喜怒哀樂，她告訴自己不然就純粹談戀愛就好，以後不要結婚就好，於是她又重新回頭去找老公。

就在她們開心甜蜜談戀愛期間，六年時間很快就過了，她即將畢業離開學校，男人依然把她當成公主般呵護與照顧，她覺得她的世界有些不一樣，至少這世界有一個人會願意對她付出真心，別人對她怎樣她不在乎，但至少有一個人願意真心對她，她就心滿意足，他們約定好了等她畢業就結婚！可是有一天晚上她去上課回家，回來時她打開家門發現家裡不只男人一人，還有她跟男人的同校好友一個女生，男人跟好朋友在家裡的客廳有說有笑很開心，她在開門的那一刻，客廳裡的兩個人的笑聲突然停住，場面有些尷尬，她在瞬間覺得自己很像是外人好像破壞客廳裡那兩個人的氣氛，接著好友急著說要回家，男人跟著說太晚了要騎車載好友回家，她沒有啥麼反應只微微點點頭，男人和好友下樓去，她從五樓的玻璃窗戶看著男人和好友的身影雙雙在一樓的身影，她不自覺流下兩行眼淚，她動也不動直視那

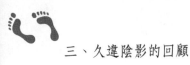

一對背影，她好像發現某些她不願承認的事，就在這個時刻，她的心好痛，痛到她不知怎麼面對。她看著午夜離她遠去的背影，說不出的感受讓她不知道怎樣面對，她不知她在窗邊呆站了多久，直到男人的野狼125騎回來，她才離開窗邊，男人回家後沒說什麼，她也沒問什麼，兩個人什麼也沒說就睡了，過後那兩個星期兩個人都很沉默，誰也沒有再提那個晚上的事。

壓在她心裡的心事似乎愈來愈重，就在兩星期後在那年的五一勞動節男人約她在美術館看展，喜歡看展的她因為心裡的那件事讓她沒有心思看展，心不在焉很快繞了一圈的展覽，男人和她走到美術館的地下一樓的小咖啡廳，點了杯咖啡在桌上，兩個人不知道要說什麼？她實在耐不住性子，她開始直接說出那天深夜的事，不斷苦苦逼問老公，老公被她逼得沒辦法，說：「他的心裡有些動心」，她覺得不能接受，她從不願意相信男人到願意相信男人，拿出她的真感情完全相信，結果是這樣，她覺得被重重一擊，好像老天爺也聽到她的心聲，美術館B1的落地窗，窗外突然傾盆大雨，對應她臉上流不盡的淚水，兩個人之間全然的靜默，只剩下外面大雨打在落地窗的劈里啪啦聲音，她的世界也變天了下大雨。

那天過後她不知道怎麼過日子，她不想回到倆個人為了結婚籌備的家，只要空下來的時間對她而言最痛苦，她開始學會打麻將，只要一得空就到朋友家打牌，打到精疲力盡回家倒頭就睡，她認為牌桌上真好，這局牌拿到的牌不好或打得不好都沒關係，幾分鐘後和和牌又可以是新的一局牌，可是她的人生呢？好像永遠都無法脫離困境，她只能靠打牌來麻醉自己，男人什麼話都不敢提，就這樣過了兩個月的時間，有一天她驚覺她的生命不可以這樣過下去，她要面對問題，那天她沒有找牌咖打牌，她找了一個朋友家把自己灌個半醉，她怕自己清醒的狀態會沒勇氣說出口，她喝個半醉衝回家中，一進門的第一句話就是「我們分手吧！」男人聽她這樣說難過地掉眼淚跪下來說：「請你再給我一次機會。」她聽了這句話整個人崩潰對男人大吼說：「你怎麼可以這樣說出口，你知道我是鼓起多大的勇氣，灌醉自己才有勇氣說出口，又不是我想要離開你，是你三心二意的，我們又不能這樣拖著，你提不出口只好我說，你知道我有多難過嗎？還是要這樣做！我們總是要解決我們的事……。」後來兩個人抱在一起痛哭，那一天她們決定再一起走下去他們的人生路，也就在那一年她結婚嫁給了這個男人，共組一個家庭生活中。

魚逐小語：愛需要不斷地練習與嘗試。

四、正面迎擊內心的魔咒

她回頭去看自己，發現跟她愛的男人這段感情的河流裡，每隔一個十年，就會有一個重覆模式在播放著，要結婚的那一年是午夜離棄我的背影，那年她曾經用最大的力氣想就此離開，面對相愛的愛情，兩個人還是會質變的情感讓她傷心糾結，接下來就是結婚第十年，生命中對她最重要的兩個男人離開她的身邊，最疼愛的爸爸因為生命的結束而永遠離開她了，而她最依賴的老公則以遠走故鄉工作，聚少離多的方式讓她身邊頓失她的另一半依靠，再來是結婚二十年的背叛禮物，她很努力讓自己相信即使是遠距離的感情，還是有可能心靈相會，情感深厚，她發現在她這樣努力讓自己認為深厚的夫妻情感，只是她一廂情願的想像，她最傷心的是會不會這二十多年走來的情感，是一場幻滅什麼都不是真的，而她像徹徹底底的傻子一樣，被別人背叛和遺棄的感覺一直吞噬她！

其實她最想控訴的人不是老公，而是神，神祢不是在的嗎？在她心裡選擇一步步相信神的時候，神在這時候卻像跟她開了個玩笑，她心裡有種莫名的悲傷和憤怒和憎念，她覺得這一輩子，從未奢望神能給她幸運的眷顧，她想都沒想過她會是神喜歡眷顧的幸運兒，所以她過了大半輩子的生活，拼命告訴自己要努力，一定得靠自己的努力，所以在感情上，她努力學習她認為只要我做好，那就一切沒問題，她克制她的情感，她自律自己的行為，她學習信任她愛的男人，給男人自己的空間和自由，她究竟做錯什麼？而神要給她這樣的際遇，那種從小在心底就不信任任何人的她，為什麼讓她經歷到愛與被愛後，開始信任老公信任生命的時刻，要讓她同時經歷背叛、傷害與悲哀這些情緒，她應該從一開始就不要信任何人，尤其是祢神才對，她抓狂對老天爺的控訴，隨後她想這樣算巧合還是生命中的定數安排，抑或像是她心靈上課教導「學不會的事情永遠都會再來一次」，在她的內在常常升起一種聲音「這輩子不可能有人會愛我的」魔咒，一直在感受沒有任何人陪伴她的狀態，她永遠在害怕感知不到愛，所以有種緊迫盯人的追討愛的舉動，要不從頭到尾不懷抱有希望，被愛的感覺從一開始就放棄不是更安全嗎？

曾經過往讓她很迷惑的生命故事，她有多想換掉她生命的種種，只要她覺得不好的，她都想換掉，換得掉嗎？換不掉的，所以她開始用力的學習，換不掉但可以改變吧！她開始有更強烈的渴望，開始想要改變自己更想要改變身邊的人！最終想要改掉自己重覆又重覆受困的感受！

整個過程和經歷讓她整個失控，她覺得她的世界垮了，她的世界都變得沒有色彩沒有味道，她曾經認為就算天下的事都變了，老公對她的愛也不會變，她覺得她快死掉了！她經驗一個女人完全死亡的狀態，她沒有掙扎也沒有力氣抗拒，就在某一個時刻她突然有種自動的狀態被啟動，她感受一股很深沉的愛，由她的核心流向她身體，她突然清醒意識到她是如此如此深愛這個男人，沒有比這個更重要的事，她起身拿起電話打電話到海的那一邊，自從老公跟她承認後的這三天，她不接他任何的電話，她聽到老公傳來的沒有力氣的喂一聲，空氣在空中靜止了幾秒，她說：「謝謝這個美妙的發生，它讓我感受到真正的愛流入心裡，我是這樣的愛你，沒有比這個更重要的事，這個過程讓我感受到真實的愛，請讓我們一起走過這過程，我可以原諒你的過錯，但請你學會原諒自己，別把這份內疚留在自己身上。」說完電話她覺得進入某種狀態裡，徹底經驗生命，自己在靈性道路跟著老師成長的積累，是一點一滴的校準學習，化成自己的內功。在生命走到某種不能承受之輕，轉化的力量卻在此時此刻自動發生！讓生命更有魔法恩典的披澤。

魚逐小語：破除內心魔咒的方法就是發現魔咒，魔咒就解除。

過往的傷痛，徹底的經驗就是療癒了！

第六章

所有現階段的障礙，答案都在值得探索的過去

一、拒絕被愛與被支持

在一個午後想起念小學的自己，其實這麼多年來她對小時候是沒留下什麼記憶的。是在有一次心靈成長課程中記憶赤裸裸跑出來，那年她三十三歲，看著身旁的摯友去上成長課程，好奇的她也跑去參加四天的課程，過往她也上過激勵課程或者企業管理課程，年輕的她給人感覺就是熱情勇敢負責正向積極，在許多合作學習的團體常常當上帶頭的領袖。

那次的課她一樣帶著高昂心情去上課，不知為何當第一天老師一開口「大家好……」她的眼淚就撲簌簌一直掉沒停過，同學們也很訝異但不敢多加詢問，哭了一天兩天，她控制不了自己就像個沒魂的人哭不停，連她也不知為什麼，每堂課都用掉一包衛生紙，愈哭頭就疼，直到第三天晚上她頭痛到再也受不了，她鼓起勇氣跟工作人員說她想回家，來了一個她之前就認識的工作人員跟她說了一個晚上的話，一整個晚上的話她都聽不進去，直到那句話「既然來了，何不給你生命一個機會去弄清楚。」就是這句話讓她決定面對。

一、拒絕被愛與被支持

隔天一早她就主動舉手拿起麥克風說，怎麼開始她不記得，順著老師的帶領，她回到十一歲的自己，那天平常的下午，她走在放學路上，東看看西晃晃，路上的事對十一歲的她都是有趣好玩的，就在走出校門五分鐘後，有個年輕叔叔來問路，叔叔說他不知道路請她帶路，她心裡想說應該不會有事，於是她就很豪爽答應，帶著叔叔快到目的地下面，她一看是工地，心裡覺得怪怪的，但還是跟了叔叔上去工地樓上，上去之後叔叔脫掉褲子，要她摸他的下體直到他射精，她嚇呆了，但是她還是照叔叔的指令做了，想不起來後來是怎樣結束的，她只記得狂奔回家，把自己鎖在浴室拼命地刷身體，她覺得自己好髒好髒好髒，這麼刷都刷不乾淨，一邊哭一邊刷，還聽到媽媽在外面喊著：「妳是中猴吼，洗一個身體洗這樣久。」她覺得好難過她的世界已經變了，媽媽什麼事都不知道，還只會罵她！

從那天起她變得奇怪，她總是頭低低不敢抬頭看人，本來就不愛講話的，現在更沒話說，可是在她的心裡卻有千言萬語，她開始討厭爸爸，討厭媽媽，討厭她身邊的人，都是爸爸媽媽沒有把她保護好，她也覺得自己是個骯髒的人，她害怕一開口，別人就會看出那個骯髒的自己，她要把這個祕密藏好，藏到有一天她已經忘了發生在她身上的故事，直到這次課程，記憶赤裸裸顯現出來，她開始記起那時候的事，對小時候沒有什麼印象的她，小時候的事像電影般一幕一幕播放，讓她清楚地看見，她有多害怕別人靠近她，她不喜歡跟別人有近距離的碰觸，她有多害怕跟別人近距離的接觸，她害怕讓人發現她骯髒的秘密。偶然在路上還有碰到那個怪叔叔，她總是很快地閃開，不想再想起那個骯髒的自己。

她想過恨這個帶給他傷痛的陌生人嗎？她更恨的是爸爸媽媽沒有保護好她，最恨的人是她自己！她恨自己這麼笨，她恨自己怎麼不用力反抗，老天爺已經這樣不眷顧她，而她自己卻沒有奮力保護自己。就此以後，她是這樣看待自己，用不信任的眼光看待身邊的人，開始認定沒有人保護她，只能靠她自己，不信任自己能獲得愛，認為是不值得人家愛的人，這些重覆不合邏輯的聲音，在她腦袋時不時地出現，她豎起一道道防衛牆保護自己。

魚逐小語：若是那些苦難的事都不曾發生，我們的生命歷程會改變多少？
有時看似不美好的發生卻讓我們發現奧妙的生命力！

二、活在黑暗的幻象中

她上了國中時，髮禁耳上一公分的短髮，讓她更害羞，眼睛不敢跟人目光相對，國中三年成績還不錯，但高中聯招考得不是很好，考上倒數第三名的學校，姐姐認為她有機會，就把多年好不容易省下存的錢給她，讓她去上國四重考班，這一年在補習班努力，在補習班認識好朋友，害羞的個性有些變化，考試前大家都認為她前三志願應該沒問題，結果她考得比前一年成績還差，考上倒數第二名的學校，浪費姊姊省吃儉用攢下的存款，她覺得對不起姊姊，姊姊知道後很生氣，念高中那整整三年都不跟她說話。

那時她的心情很糟糕，她知道從小到大都是這樣，事情剛開始她總能全心全意去做，過了一段時間以後，她就會慢慢怠惰，最後總是把結果弄得很糟，讓每個她身邊的人原本是滿滿信心，後來對她就是失望，她認為別人很難信任她，是因為她自己搞的讓大家失望。她想到這裡不寒而慄，她有個可怕的思想「好害怕讓人對她失望，但她總是可以讓人失望。」她慌了，她發現她生命一再重覆某些事件或狀態，偏又是她恐懼面對的生命狀態，她想向外尋求認同，開始拼命證明自己有存在的價值，期待她小時侯坐在小山坡看著夕陽，許下不要像她的爸爸媽媽的人生一樣，生命淨是一些莫可奈何的困境發生，就像是永遠沒有錢，沒有錢就沒有希望，沒有錢就沒有人會尊敬你，沒有錢就無法給愛的人幸福和安全的感覺，沒有錢的人連說話都沒有人聽……，什麼都是因為沒有錢，她討厭沒有錢的感覺，她痛恨沒有錢的感覺，這種感覺總是讓她什麼都不是，她不是從小到大就想成為「Somebody」的大人物，怎麼會到現在是什麼都沒有的人呢？怎麼會從早到晚努力工作，還是拼命在追著錢跑呢？為了錢跟老公分兩地生活呢？

小時後多希望家裡是有錢的，不用被錢追著跑，甚至希望爸爸是跑船或到外地工作的，這樣爸爸賺的錢至少夠家裡用，而且從國外回來時還可以帶回來新奇的東西，讓同學羨慕她，她小時候都是羨慕別人有什麼，有沒有一次讓她的同學也可以羨慕她呢？她的人生到底錯過什麼？現在她的老公像她小時候期待爸爸去外國工作一樣神氣，她怎麼都快樂不起來，有委屈的感覺，還是這輩子她的命運就只能如此？過去的她常不自覺這樣問自己？

從小時候開始認為只要有錢就可以解決任何事，從國中開始她會偷拿媽媽皮包的錢，剛開始十塊二十塊偷拿，後來愈拿愈多，後來甚至偷到幾百元，高中時期還是持續這個惡習，甚至在被發現時，硬是栽贓給弟弟，事後還是繼續偷媽媽的錢。她突然意識到現在她公平正義勤奮看似姣好外在下，真實的她到底是怎樣一個人，她認識自己嗎？

她想到上了高中那個十七歲的小女生，愛玩愛幻想裝著酷酷的那個女生，考上一個活潑的有僑生的中學，男女合班，國中還是害羞不敢與人對談的她，上了高中有些轉變，跟同學合得來愛玩同學感情又好，下課後像個哥們跟男生相處，跟著班上的男同學在學校附近的冰菓室混，打橋牌說些I543的話，那時候還流行小精靈的電動的年代，跟著一票男生去跟隔壁高中打架，相處久了同學感情很好，班長是個很會照顧人，每天幫她準備水果陪她上下學，開始她以為大家回家路線相同，後來有一天班長跟她表白，她不知所措馬上回絕，從此她就畫清界線不甩班長，其實是第一次有男生對她這樣好，她覺得尷尬，不知道如何是好。

後來班長還是持續對她很好，只是十七歲的她不知怎樣面對，所以總裝著冷酷不甩人的樣子，現在想到「這是多久的事情，三十年前那個裝冷漠不理人高傲的樣子，埋藏在下的還是畏縮膽小鬼！」以裝性格擺大膽的樣子也不過是害怕別人看到她真實的狀態。

魚逐小語：帶著防衛面具的人其實是需要關心的人。

三、掙脫枷鎖的叛逆

念高中前重考成績不理想，心情已經夠糟糕，偏偏媽媽帶她去修剪頭髮，美容院的阿姨太熱心，幫她剪了個超炫造型，整個頭髮打薄，在那個髮禁的年代，活生生就是個太妹頭，靦腆的她入高中的第一天，就成了眾人竊竊私語的對象，教官和老師異樣的眼神讓她更難過，後來遇上活潑的緬甸僑生女孩跑來跟她做朋友，單眼皮很有個性又活潑的女生，是那種男生看了就會很喜歡的女生，她心裡這樣想著，她覺得她簡直沒法跟這個陽光女孩比，念到一所開放又開心的高中，讓她很快地跟大家融成一體，高中的她開始快樂起來，跟班上的男同學相處就像哥們，一起偶爾翹課，一起放學後打混撞球場和小精靈電動冰菓店。

雖然外表開始陽光和熱情，但是裡面還是沒自信的她，用一種倔強和不在乎裝酷，來隱藏她的害怕與不自信，就在班長向她表白後她完全不知所措，只好用冷漠和無所謂的態度來拒絕班長，她的冷淡和不給面子的拒絕，因為她不相信會有好人真的喜歡她，長大之後想起這件事，心中對這個曾經十七歲的她，看得清楚，隱藏在冷冷耍酷的態度，只是那個一直不相信好運會來到她身上。

自卑的她寧願選班上長像還好的男生談戀愛，這樣談戀愛不會被嫌棄，好友都覺得無法理解她的行為，明明就有更美好的選擇，她知道她害怕別人靠近她，跟她交往後發現她有多麼不值得愛，所以她寧可這些人不要靠近她，她保留某種可說性的話題，讓自己永遠有希望在那個位置，她只敢選擇次級品，她想才不會因為你高我低的而產生不愉快的感覺，但談戀愛不是條件論就會少掉許多問題。

十七歲的她心裡很自卑，但微小的心仍然能懷抱夢想，希望自己是個有錢的正義化身，她要有錢，她對一路以來為了錢，讓她覺得沒有錢的家就是沒有希望，她認定有錢就能解決家裡的困境，所以在高一的時候就決定選夜間部法律，可以一邊打工一邊為自己想要成為的律師的夢想前進。在那時候的她認為這是最快速的方式，十七歲的自己知不知道這是真正的夢想，還是一路長大無法得到的滿足懵懂中產生的慾望？搞不清楚的她只能跟著歲月的流動而成長！

魚逐小語：我們會因為看不懂自己的價值而做錯選擇。

四、金錢是一個加速的驅動力

她下定決心大學要考上夜間部法律系，不知哪裡來的膽識，在一個掛尾巴的高中就讀，班上又是拼了命愛玩的班級，她選大學目標是法律系，在那個大學錄取率不到30%的年代，選的又是第一或第二志願的科系，選擇法律系的理由很簡單，她看電視上有許多威風的律師，可以快速成名又有錢，爸爸媽媽都不是唸書的知識份子，因為爸爸媽媽這樣就是無法像有些人可以輕鬆賺錢，想到爸爸媽媽拼苦力賺錢，每個月前不夠還跟家門口小店賒帳，她想趕快掙脫沒有錢沒有希望的日子，高中畢業讓她順利考上夜間部法律系，雖然是私立的，是她的第三志願，因為大膽的她只填了三個志願，多了三分終於考上了夜間部大學。

有學校唸了，接下來煩惱的是學費，幸好姐姐先借她錢，她則努力找工作，還好同學介紹親戚開的小貿易公司，一人老闆在加上她一人勞工，所以跑腿打雜接電話的工作全在她身上，她並不怕苦她又勤勞，只是每當她五點半要趕去上課時，老闆總愛在這個時候再丟工作給她，她念的大學有先生點名制度，學校常常遲到讓她不舒服，再加上老闆常常不分青紅皂白，性子一急就亂罵人，她每天都想離開那個場所，但是欠姊姊的學費還沒還清，下一學期的學費她還得先攢，工作半年存到錢籌到下學期學費，她後來就辭職離開，老闆拼命慰留她，她離開多年後，老闆託她同學傳來訊息希望她能再回去工作，她心裡有些開心，自己人生第一份工作就得到肯定，但她同時也發現在工作時，老闆有很多不合理的行為，可是她只會隱忍不敢當面說出她的想法，她似乎只要碰到位階高的上司或老師，就會感覺自己是渺小不足為道。

離開第一份工作貿易公司的小妹後，跟同學去郵局打工，雖然半天一個月薪資一萬元，她將每個月的薪水交給媽媽保管，每天出門前再跟媽媽領一百元，用掉二十四塊公車費用，她每天含三餐費用只有七十六元的額度，神奇的是她還是能攢到錢買書，這樣過了一年，郵局不再任用工讀生，她又開始失業，這時候剛好姊姊的同學在保險公司上班，需要人手去上課，上完兩星期的課就有三千元車馬費，趁著暑假又沒有工作先賺三千元再說。沒想到從未接觸保險的她，竟然在第一天上課就很感動，她覺得世界上怎麼有這麼棒的保險發明，在上課的課程中，保險商業模式的發現讓她很感動，還有業務工作給她很大的憧憬，竟然可以沒有限制的去發展，可以自我安排，她主動跑去跟主管說她要做保險，在當時保險業務員很多都是找不到其他工作，要不就是被拐去做保險，社會普遍對這個行業觀感很差，所以當她回家跟爸爸說他要去做保險時，爸爸氣得說不出話來，也禁止她去找任何親戚談保險，倔強的她馬上對爸爸撂下狠話說「自己一定會做到讓親戚主動來拜託她談保險！」狠話撂完心情很爽，後面還有許多事要面對，首先她的年齡太小不到保險公司聘用資格，姐姐的朋友還為她去跟公司爭取，最後是以寫下「我發誓一定會好好做保險」的切結書，公司才任用。任用的事搞定，接下來挑戰正要開始，客戶呢？客戶在哪裡？

她想起當年升上夜法律三年級，同學們知道她在保險公司當保險業務員，當她走在校園時，那時總覺得同學看她的眼光很奇怪，讓她覺得自己像個不入流的法律系學生，跟大家格格不入，重點是培訓快要結束，她可以去跟誰談保險？她自己也還是學生，同學也都是夜間部學生，大家都是半工半讀狀況下，每月薪水供自己念書和平日開銷的費用都不夠用，自己又撂下狠話絕對不找親戚，怎麼辦呢？想來想去她去找郵局的大哥哥和大姐姐們，但她實在不知道要找誰談保險，所以她受訓結束第一天起，她就每天去郵局報到拜訪談保險，郵局的哥哥和姊姊問她許多問題，有不懂的她就回公司問，經過整整一個月來回跑，郵局的一個姊姊被她感動，跟她買了保險，她的第一張保單終於成交，她開心到用走路回到辦公室跟同事報喜訊，開啟她在保險事業路途，她覺得希望無窮，好像她小時後坐在小山丘看夕陽心裡的夢想成為「有錢的大人物」那個夢想就在不遠的前方了！

她開始更勤奮工作，白天拼命在工作，也參加學校社服團開始花費大量時間和精神，晚上趕上課，每天平均睡覺時間只有三個小時，學騎摩托車為了省錢還有再晚都可以工作，結束後可以自己騎車回家，工作時間很忙，可是她不覺得辛苦，因為她在拼命賺錢存錢，同事有在起會，用錢這樣存錢速度更快，可以賺到不少的利息錢，所以她省吃儉用，每個月就是把錢存下來去付每個月的會錢，課業的重要性一直被她忽略，她的功課始終就是低空飛過。大四時她上一門刑事訴訟程序課，教授在課堂上教訓學生說學生本分就是唸書，不要用工作或工讀來當藉口，她在課堂上站起來跟教授說「教授不是每個人的家庭像您一樣不愁吃不愁穿，誰願意白天工作晚上唸書，難道環境不好就不能上進求知嗎？」說完她就在課堂上眼淚就一直掉下，這個是讓她體會到她有多委屈。

她想老天爺始終對她不公平，沒給她人生拿好牌出生，生在這種家庭誰願意呢？但是同時她心裡也在想「教授您就是看輕我，總有一天我一定要功成名就讓您瞧瞧，看看您是多無知跟沒有眼光」她看見當年自己在課堂上掉眼淚的樣子，現在回想，她自己總是很用力在準備「讓別人看見我有多了不起」的樣子，這個了不起的影子的聲音模式在她的腦袋裡揮之不去。愈是證明愈是得不到證明，某些時候好像讓她短暫得到證明，說也奇怪這個歡樂好像是一瞬間隨即消逝，取而代之是再大一些的證明，可是她覺得怎麼追也追不到了。

魚逐小語：心裡面有照妖鏡，外面的妖怪配合鏡子演出。

唯有真實才能引領我們回歸合一的路，
讚美神用你真實的感覺！

第七章

成為獨一無二的自己

一、對自己的心誠實

爸爸剛離開人世間的那一年，感受到她生命最脆弱的時刻，老公到國外工作，她以為她可以獨立堅強照顧兩個孩子，好勝的她絕不讓旁邊的人發現她的落寞。每天早上用盡力氣把工作上該完成的事處理完，她就回家把自己關在房間裡，躲在角落裡歇斯底里狂哭大叫，就像躁鬱症一樣，開始狂Call電話到國外給老公，一找不到老公就更捉狂，等到傍晚孩子快回到家時，她把家裡整頓整頓又開始裝作沒有事，跟孩子吃飯說說話，陪著孩子等著她們就寢後，她整個人就像洩了氣的皮球呆在床上，久久不能入眠。閃躲所有的交友圈，害怕別人發現她這個樣子，看起來外在好像都還安好的她，其實正在面臨某種崩潰的邊緣。

情緒邊緣中彷彿有種力量自尋某種出路，她突然很想找尋之前在心靈成長的朋友，之前在成長機構時兩人久久見一次面，可是對她來說卻是信賴的人，尤其是在面臨崩潰的那一年，她封鎖前機構的朋友們，卻獨獨想要聯絡這個朋友，她撥了幾次電話始終聯絡不到朋友，直到有一天傳來她的簡訊說「她的人生正在經歷一個重大的關卡，無法聯繫朋友，請她等一陣子，她自然會出現說明她究竟發生什麼事。」她心頭上的擔心落下！有一天她接到電話，她們約在朋友租的辦公室見面，朋友出書了【註一】，剛開始她出於義氣一口氣買了十本書，當天她回家馬上就看書，她是在眼淚中看完整本書，「療癒」是個心靈治療的名稱，她根本搞不懂到底是什麼意思？她只知道她需要，她在工作室做了第一次個案療癒，在個案療癒後她才記起小時候的事，有些事你根本不需要搞懂，就知道該怎麼做才是你需要的，這個起頭她開始對她的生命探尋，也是她第一次接觸印度合一大學。

在印度合一大學學習中，當天早上突然被通知清晨五點開始有課程，一早即起先上課不吃早餐，以為上完早晨的課程就會有早餐，合一導師來傳導說今天要在合一神殿前禁食及禁語，只能帶著筆記本獨自過完這一天，雖在大殿前的學生有幾百人，每個人連眼神交會都是禁止，只能獨自度過這一天，一開始沒多久她就覺得很無聊，後來沒多久就想以睡覺來度過時間，睡了好久好久再起來，發現怎麼時間過得這麼慢，耳邊傳來許多同學的聲音，不知怎麼突然有人唱歌劇來，聲音很好聽，可是這時候聽起來好刺耳令人不開心想要發脾氣，她整個怒了！她卻無處發洩，她只好把焦點放回自己身上，腦袋拼命地轉，她想這幾天在合一大學被教導的各式各樣的瑜珈，她把筆記本從頭到尾仔細看過一次，從哈達瑜珈、真言唱頌瑜珈、咒語瑜珈、亢達理尼、業力瑜珈，敬拜神瑜珈、奉獻心瑜珈、專注在筆記本照著樣子模仿一次又一次，擺脫現在的無事可做的焦慮。

有這麼一刻，她以為擺脫腦袋那些喋喋不休的話語，後來才發現這輩子休想脫離這顆腦袋，就連此刻專注在合一的瑜珈教導裡，她還是在追尋生命中的遠方，不斷地尋找生命的意義，突然在這一刻，聽到肚子裡咕咕叫，她好餓好餓，此刻的她就只想要台灣的一碗蚵仔麵線，就在這一霎那，她眼淚止不住狂掉，一種無法言語形容得很深的感受，原來直至此刻，她終於能體會到，她真心渴望的是「真實的自己」，有多少工作或商場的參與，她總是努命拼命捉住不同的成功偶像，往自己身上套，是她自己害怕把一個真實自己赤裸裸放出來，所以拼命地追逐不是自己的自己！在那晚美麗的過程中，她決心放手讓自己本來的樣貌真實地呈獻，讓一些框架的定義粉碎。

魚逐小語：真實的我從來不是問題，問題是我一直想成為正確的自己。

*【註一】：王慶玲老師第一本著作《靈魂深處的力量》。

二、讓力量自然湧出

她常常會有某種直覺性的想法，就做出旁邊的人無法理解的選擇與決定，譬如說她在念大三夜間部法律系的時候，就偶然有個保險上課的機會，上完課就奮不顧身投入保險業務，不怕難無視於別人的異樣眼光，白天專職從事保險，並以此為樂為榮，在保險還是菜鳥的時候才二十一歲年紀的她，應徵新夥伴時，有個國中畢業的女工來應聘，同事主管們都不看好這位新人，唯獨她排除眾議認真徵員這位新夥伴，並把所有的經驗熱心分享給新夥伴，一開始同事們私底下竊竊私語，大夥都在打賭，這位新夥伴大概撐不過三個月就會捲舖蓋走人，唯獨她用她敏感的直覺力，看見新夥伴身上的某種特質，認為新夥伴會一炮而紅，新夥伴前三個月業績雖然只維持基本的標準，卻在半年後開始高額保單一炮而紅，從此這個新夥伴開啟豪門家族高額保單，十多年在業務單位一個個家族開發從不間斷，維持她的超高標水準，

二、讓力量自然湧出

那年相信她自己敏感的直覺力，而錄取新夥伴的她才二十一歲。

這種事在她身上不斷地發生被驗證著，幫助她在工作職場裡在各方方面面總能看到新的時機到來，或能一眼找出她需要，可以一齊奮鬥一齊闖天下的人才，可她從來不覺得這是個事兒，自然也不會認為，老天爺給她這個能耐是多特殊的能力。

在職場或事業的選擇也是如此，在她三十多歲的時候在保險業務是個收入可觀的主管時，她看見一個值得她學習的學習的對象還有值得她投入經營的事業，身旁的夥伴和好友們都說她瘋了，放掉打拼十多年的保險事業，卻去跟一個人學習，而這個人做生意失敗，失敗到身上什麼都沒有連家庭都妻離子散，甚至是還欠政府的稅金需要被限制出國的人，什麼事都得從頭打拼的人一起打拼！可是她卻看見一個人失敗到人生谷底時從不把過錯推卸給別人，不選擇怨天尤人說什麼時機不好，商場上朋友陷害或家裡不願幫忙……等等的藉口，真的放下之前曾是呼風喚雨的企業家，能屈能伸不卑不亢，選擇坦蕩面對所有人，選擇數字從零之下的負數重新開始，她覺得這樣的人有guts，鐵定會東山再起，她就會不顧眼前的一切選擇與這樣的人奮鬥闖天下。

有一度她認真學習與閱讀許多商學書籍，在普世價值都在用條件來衡量符不符合經濟效益，當以條件來取決事情成就的主要條件時，她開始懷疑自己是否做事太衝動，應該符合普世的價值觀為依歸，要有萬全的準備資源充足才能做事。她有好一陣子想要找到正確的答案，才有安全感。

她不相信自己與天俱來的先天本能，她要靠制約下限制性的學習，彷彿世界上只有一種成功的方式，只能在某種窠臼下拼命求精準，一直到她在靈性道路下學習時老師【註一】常會講一句話「你怎麼想都是對的！」一語點醒夢中人！是我們允許下載這個方程式，認定要像個毛毛蟲跟著別人的腳步，判斷什麼才對的價值觀或方式，卻忘了天生本能就在我們身上！

魚逐小語：每個生命都有與眾不同的天生本能，我們只是忘記看見這個本能。

*【註一】：王慶玲老師，魚逐生命的貴人教練。

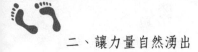

三、學習是為了放掉完美的自己

踏進靈性領域拼命學習的她，是為了讓自己成為更好的樣子而學習，從成長過程就花時間學習的她，剛開始就是為了雕塑更美好的自己，改掉缺陷的地方，害怕自己身上許多的缺點與限制，阻擋自己沒辦法成就自己渴望的，很想藉由學習成長來改造自己，追求完美，認為只有能力好和條件好的人才能完成夢想，所以在我們工作的職場裡，習慣只會考慮自己擅不擅長或適不適合，性向測驗或職場能力評估的考量上也是，她常常會陷入完美情節的陷阱裡，所以會拼命想學習，卻永遠覺得自己不夠不夠還不夠，永遠在學習中，總是在準備中，所以常常跨不出去開始第一步。

她到大陸某個城市，協助內地非常成功的女企業家個案療癒，三十歲出頭就是百人員工外貿企業老闆，有一次她在分享她大學剛畢業時，她去應聘外貿公司的業務工作，當時她落選沒被選上，她真得很想拿到這份工作，於是她跑去當場問老闆為什麼不用她，老闆說了需要英語能力一級檢定的資格，所以公司選了一位英語能力一級的女孩應聘，你的英語能力只有三級，等你英語能力到一級你再來應徵吧！女孩真的很想得到這份工作，當下就跟老闆說「我的工作能力很強，我一定可以把這份工作做到讓老闆滿意，不然你看這樣唄，我免費幫你打工一個月，如果一個月後你不滿意，我就一毛錢也不拿走人就是！」老闆拗不過她就說「行！那好吧，不過我們的外國客人是沒辦法讓你拿來實驗，你還是得通過英語能力這一關，我們公司有外國老師當顧問，三天後必須得過顧問面談這關，如果你通過這一關，那就照你說的方式做唄！」三天後她按照約定的時間來面談，沒有想到一進面談室，顧問馬上跟她打招呼，原來顧問就是她的一對一英文家教老師，面談就順利地通過！後來這位女孩在這家公司做了三年，離職時的身分是業務老總。

我們學習時踩的立足點是什麼？她想起她的靈性老師在課程中論述一個教導的論點「立足點永遠會把你帶回立足點！」踩的立足點是追求完美的學習時，其實是在說我不夠完美，學習的狀態就會像是狗追自己的尾巴，這個尾巴原本就在狗自己的身上，她只要看見尾巴在身上就對了，狗如果是在追逐它自己的尾巴，就像是我們在追求我們的完美情節一樣，是場永遠沒有結果的追逐賽！

當她知道這個真理之後，不間斷的調整與聚焦自己學習的立足點，她從《完美情節》跳到《玩美每學》，她一樣期待自己能成為更好的自己，在學習領域不間斷學習精進，人本來就會追求成為更好的自己，這是我們身為人很美的天性，當我們面對我們真心渴望的夢想成就的時候，條件和資源從來都不會是成不成的關鍵，是我們限制性的頭腦認定，只能靠條件和資源來決定，當我們發現擁有無限創造的尾巴就在身上時，這時侯就如同前面這位剛畢業的女孩一樣，她的條件和資源都沒辦法讓她得到想要的工作機會，當她真心渴望想要得到這個機會，不知為什麼就會啟動宇宙間無限的創造力量，把她的面試長官變成她的家教老師，自然而然成就這個渴望。《玩美每學》成為她的學習調整的標語提醒自己不要掉入完美情節的陷阱，總是在等待完美的那一天到來，而是將所學不斷的玩到生活裡每個時刻調整自己的立足點！

魚逐小語：重覆不代表失敗，就只是尚未學會。

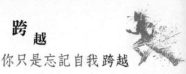

四、療癒之後能量場的蛻變

她自己是在個案療癒過程中開始拾起許多記憶，幫助自己找回遺失許久的兒時記憶，將生命一片片拼湊而成的重要連結，讓自己開始療癒後，開始能讓真實的自己走入關係，重新認識自己不同面向的自己，她記得第一次預約個案療癒的時候，她連「個案療癒」是什麼都搞不清楚，她就知道這是她需要的，在這個過程中療癒她的傷痛，讓她看見愛的力量，解開生命的許多誤會！

她在使命感清楚地希望能當一個心靈老師，能幫助人運用他內在的力量療癒人心，當她花了時間花了錢完整修習課程後，她卻遲遲不敢開始個案療癒，總是覺得自己還不行，學得還不夠，要等別人分享的經驗多一些，這些就像是學開車的人，耳朵聽再多技術指導，永遠是聽的，唯有親自握了方向盤，踩了油門才是真的上路，在老師的推動下，她開始做個案療癒，過程中她才真正明白，療癒的過程是神在做的工，療癒師只是一個純粹的管道。

在她的療癒個案中，她印象非常深刻的是，這位朋友來求助的原因，是她總是禁不住對她小學的兒子發火，她無法控制的情緒在她兒子面前，發火完了她更懊惱，不斷譴責自己，她受不了每日重覆的情緒，我建議她做個案療癒，她在不懂療癒下做個案療癒，她是親子關係糾結才來做療癒，在療癒的過程中她進入和父親的關係狀態中，她在某個過程中受到驚嚇，讓她認為她一輩子都缺乏父母親的愛，是個沒有人疼愛的孩子，在療癒的過程中她徹底經驗這過程，最後她發現父母親的愛一直在她身上從未離開過，而這個愛很大大到讓她可以照顧到更多的人，跟著她的完整的療癒過程，身為療癒師的她也同時被療癒！

當天做完個案被療癒的女孩回去跟老公分享，他們已經結婚將近十年，她卻從來沒有在老公面前提到「爸爸」這件事，更沒有在任何人前面提到爸爸，只要別人在提「爸爸」的事，她就默默的離開，等到話題結束她再回來，當天晚上她跟老公侃侃而談兩個小時都在談論父親的事，她老公特意傳來簡訊，感謝療癒師的協助，他知道老婆得到完整的協助，她們夫妻謝謝生命中的貴人！

收到這封簡訊身為療癒師的她很感動，她感謝神為她們兩個人同時做的工，這些都是神的恩典，療癒師只是個純粹管道！她終於能體會老師在療癒師課程中，一直告訴她這過程是神自動做工，我們是無法介入。透過每次的個案療癒，療癒師也同時再被療癒一次！感謝成為療癒師的神聖恩典！

魚逐小語：藉由幫助每個來到我們面前的人，同時也在完整我們的生命。

第八章

體驗付出與追逐成功【註一】

一、沙灘上的夢想城堡

小時候四個姐妹擠一間房間，衣服也是撿上面姊姊的舊衣穿，她多想要擁有獨自房間，是這樣吧，讓她的腦袋一步步堅信，錢才能解決一切問題，有錢就能想買什麼就買什麼，想做什麼就做什麼，所有她生命陷入困境的原因就是來自沒錢吧。只要錢的問題解決了，什麼煩惱都會不見，她是這樣想的。所以當她在夜間部大學半工半讀的日子裡，選擇業務的工作時她很開心，憑著實力和自己努力的累積，只要不放棄就是會有出頭天的時候。

拼命賺錢攢錢的信念一直在她腦袋盤旋，開始在業務上她辛苦，年輕只認識同學，找不到客戶來源，倔強的她又已經對著爸爸撂下狠話，絕對不往親戚談保險，同學們跟她一樣都還在念書階段，頂多打工供給自己讀書的費用，身上哪來多的錢買保險。她只得想盡辦法發展客戶來源，她自己的個性又是「小面神」（台語音譯），認識後培養到熟悉的階段，她才會開口談保險，相對於同事們輕易就有人脈基礎，她常常羨慕別人天生有的資源，她總是看見自己是個什麼都沒有的窮學生，對於這種差異性的衝突感覺，常在她的內心翻攪，她多麼想改掉深沉到底的膽怯，不自信與匱乏的信念。

在夜大五那一年，她二十五歲，銀行存款只有五位數，她跟她的主管提她好想買房子，她的主管二話不說就說「走，我帶你去看房子！」看了幾次房子，有一天看到一間十六坪大套房，仲介商說房子的門很難打開，剛開始她的同事和仲介都打不開門，誰知道到她的手裡鑰匙，一往右轉一下就打開，她一進門看了房子就好喜歡，不到半個小時，她就下訂金買下房子，等到坐上主管的車回程，她才驚覺她的膽子怎麼這麼大，買房子跟買豆腐一樣一下子就買下去，她的存款只有區區幾萬元，簽約後沒幾天就要付出去幾十萬，她都不知道錢在哪裡？她只知道她好喜歡那個房子，住進去一定很幸福，她根本沒考慮還在念書的學費、生活費⋯等等的所有一切開銷，回去開始標會付了頭款，就開始她的第一棟房子，那種在同學當中第一個靠自己的能力買下的房子，讓她驕傲一陣子，感覺自己正在脫離貧困，遠離她從小到大什麼都不能滿足的生活。嗯！開始有種感受，這樣可以幫助自己擺脫不快樂的生活！

她開始想怎麼樣可以更快速的擺脫貧窮，盡量精簡開銷，怎麼讓錢滾錢，她省吃儉用拼命跟會以會養會，不到一年她又訂了一間二十八坪的預售屋，精打細算省下每筆錢，算準了再過個四年，她就可以把兩間房的貸款全部繳清，她不到三十歲的年紀，就可以坐擁兩間沒有任何貸款的房子，而她是真正擁有兩間房的主人，只要想到這裡，她的嘴角忍不住的上揚，她想多完美的人生，從小到大的委屈都有了懇切的安慰，這樣可以填補那總是有個大大缺口的不開心，就像大家常在提的「做夢都會笑」的境界。

所以即便生活還是勞累的，白天上班晚上讀書，一天的睡眠常常只有三、四個鐘頭，人卻一點也不累不厭煩，就在等待著三年後幸福的人生，現在想想那時候的她雖然身體沒有時間休息，可是整個人卻是神采奕奕整天開開心心，為了期待某天幸福開心的日子來到！

魚逐小語：有時候勇敢就是瞬間決定的衝動，也是事後最令人難以忘懷的感動。

*【註一】：體驗付出與追求成功是作者在修習王慶玲老師的「天賦體驗課程」中，慶玲老師所提出的見解與理論，協助作者在靈性修習運用在工作職場與夢想生命結合。

二、壓垮駱駝的稻草

她在每天懷抱希望中往「生命完美」那一刻到來，在這期間她大學畢業了，她與心愛的人完成婚姻大事，隔了一年她懷上她的大女兒，懷孕初期一直到生產的孕吐，雖然帶來身體的不舒服，但一切都在她期待不遠的完勝時間到來，就像一個登山者已經看到只剩百步的美麗山峰在等著她，一切的一切都在她的掌控中，即將帶來的勝利！她每天都這樣想著的。

就在她生下大女兒回娘家坐月子的時候，沒有在她預期中的事卻開始發生，她一直在夢想脫離貧窮，可以讓她的人生從低下晉升到希望的階層，解決錢的問題就能徹底改變她生命的困境，她生下孩子，她更希望自己是個脫離貧困有能力的媽媽，眼看著這個目標就要完成，才剛開刀剖腹生產沒幾天，家人就要來借錢，月子還沒坐滿，開始出現會錢倒帳問題，她的情緒焦慮起伏，根本沒心思坐月子，只希望月子趕快做滿，她就可以出門解決，好不容易熬到滿月，她出去找人才發現朋友在躲她，她一個月有二十幾萬的會錢要出去的，她開始緊張，沒想到這才是開始，金額是最小的，後來沒過了兩三個月，又來另一個朋友倒會，過了沒多久，壓倒駱駝的不是最後一根稻草，而是巨大的大樹根，一連串倒會讓她無法招架，更讓她跌入谷底的是，當她處理這些事的時候，所面對人性嘴臉！

她的夢想在差了最後一步到達，一步步垮台，就在她的大女兒出生的那一年，就在她希望她可以成為有錢有能力的媽媽來迎接女兒出生，她不知道自己做錯什麼，從她大學打工開始她多盡心盡力在賺錢，她知道她不是天生有很好賺錢能力或好運氣的人，她只能靠自己苦幹比別人更努力的人，她只不過想賺點利息錢，更快累積錢的速度，為什麼別人這樣做就沒事，社會有多少位婦女靠著跟會存錢買下房子，而只有她跟媽媽命運相同被人家倒這麼多錢，她不服氣也不甘心，可是又能怎麼樣呢？有神可以問嗎？可以解答她內心的疑惑嗎？努力賺錢有什麼不對……想要賺利息錢有什麼不對……，她又不是懶惰不賺錢，為什麼是她被倒錢？就差她完美計劃的最後一步，但這一跌卻讓她從希望上天堂結果跌到地獄般讓她難以承受！

魚逐小語：生命最難的時刻通常跟神的距離愈近。

三、扛不起的三十歲

原本夢想在未滿三十歲擁有兩間房的她，怎麼也沒想到迎接三十歲的她，贏來的不是兩間完全沒貸款的房子，而是天文數字她難以想像的債務，在一年內連續三個人倒會，再加上有兩間房子的貸款要付款，她每天都想發瘋，可是又不能發瘋，因為每個月要出去的票錢常常是幾十萬，那一段日子整天的腦袋只有「錢、錢、錢」，錢從哪裡來，拿到的錢要怎麼分配，錢永遠不夠用，一拿到手的錢流失的速度永遠都超乎她們的想像。夫妻又倔強不想拖欠別人的會錢，只好標這個會去付另一個要支付的錢，銀行能借的現金卡信用卡能借的都借光光，20%利滾利的結果沒幾個月債務雪球愈滾愈大，不然就是拼命調度錢，銀行有上班的日子就像在坐雲霄飛車，心裡七上八下天天都焦慮，常常一天要軋幾十萬的票，老公員工分紅的股票能賣的第一天就想辦法賣掉，拿錢再來還債和軋票。

有幾次身上窮到沒錢買吃的，只能用信用卡預借現金，還要先打電話詢問現在可用的額度，免得到提款機為了領個一千元領不出來而丟臉。每個月都有好幾天軋票、軋個她焦頭爛額，還要打官司討債，她記得她懷老二時，挺個七個月的肚子追到彰化，對方的哥哥是警察，她只是問了對方的妹妹在哪裡？對方一時情緒失控推她一把，差點跌到地上，好險她的老公反應快感緊抓著她的身體，回台北的路上，兩夫妻默默無語，她心想她究竟做錯什麼？老天爺要這樣責罰她，她想就是因為她想賺利息，才會遭受如此處境，因為她的貪快才會快把一個家快拖垮，就是她的衝動不謹慎，硬要把房子買下來，沒多久又貪心買了第二間，她開始在心裡不斷地罵自己「妳看看你就是這樣不自量力，你這輩子休想像別人有運氣，你就是掃把星什麼都做不好，如果當初老公不是娶你，隨便娶一個女人，一定都比現在輕鬆愉快，你就是個拖累家人的掃把。」這種聲音不斷地迴盪在她的耳朵邊。

她對老公是多麼愧疚，都是她從一開始就做了錯誤的決定，拼命想要快速有錢，她的目標只有一個，所有的決定都是她一意孤行的結果，她本來算準人生如意算盤，在一年內全被摧毀，老天爺祢為什麼這麼折騰她？從小到大她從不奢求神會幫她，她就是有個奇怪的認定，覺得神不會對她伸出援手來幫助她，所以她從來不會期盼「奇蹟」的恩典會降臨在她身上，這種到底的自卑感讓她很痛苦，長大後在心靈成長或後來的靈性學習的過程中，她都不斷地想要徹底改變想法！但是神啊！你不幫我就算啦，為什麼要給她現在這個天大的災難，她埋怨神也恨自己為什麼會變這樣狼狽的下場，從大三進入職場工作快十年，兩個人這樣拼命工作，換來的是每天追不停的千萬債務，雖然拼命賺錢，能想能努力都做了，為什麼她的生命要遭逢這種變故，她十年來的戰戰競競在一瞬間全部煙飛雲散，她這十年來捨不得吃好的捨不得睡，所有的努力都白費力氣，她只想求得一個她的願望這樣難嗎？努力都是白費力氣，她為何要努力呢？既然人生靠自己的努力都還落得如此下場，那不如什麼都不做，她只剩來憤恨不平的心面對，她除了追錢還錢外不知日子如何是好？

魚逐小語：生命困頓時最容易產生智慧！

四、靈魂暗夜的曙光

她真的很恨自己千萬負債的狀況，一個人的努力，勤奮忍耐的辛苦，希望就在不遠的遠方，眼看著忍耐的辛苦日子就要過去了，也不是她染上像賭博的惡習，卻讓她變成這樣，千萬負債的壓力再加上滾雪球效應的複利，讓她開始窒息，她的人生怎麼會這樣？她愈來愈難面對她的老公，因為在面對老公的同時，她彷彿分分秒秒看見，因為她的剛愎自用闖出天大的禍，卻要老公一起承擔，在老公面前她很慚愧，愈是這樣她的脾氣愈恐怖，動不動就對老公發脾氣，除了追錢還錢，她失去任何動力，整天就像沒有生氣的死人發呆，她不知道她曾經引以為傲努力的勇氣和力量跑到哪裡？原來自己是這樣不堪一擊，她看不起自己的樣子，也看不慣所有的人的行為，成了整天只會抱怨東抱怨西的病懨懨的人。

她整天都不想動，她只想到原來她真心對待別人的都只是幌子，在這過程中夫妻兩自己承擔所有的債務，沒日沒夜籌錢解決無底洞，從未採取不擇手段的追債手法，連小孩也跟著受委屈，靜下來的時候她常問她自己「我不是要當個有能力的媽媽？怎麼我現在就像個無能的瘋子，什麼都沒希望，什麼也都不想動，人生還有什麼值得她努力的呢？」她無法面對這種感受，她想逃脫這種無底洞的低下層人生的宿命！她無法思考也找不到解決的方法，她開始逃避，有一陣子她就是跑到麻將桌上，沉迷於打牌，牌桌上的人生多好，這局牌的天生命不好，快點打完，下一把牌就是全新不一樣的牌局，如果生命能像麻將桌的牌搓一搓，又是全新的人生這樣該有多好，但是牌打完呢怎樣？還是得面對空的人生。

在工作的領域上，她也把自己當作活死人，該做的事維持做著，當一個人無法面對她的生命時，她也同時失去動能在她的工作上，反正就只能這樣的態度，讓她在工作上有一搭沒一搭，只是負責任對客戶做服務，失去工作的動能，她該怎麼辦？前十年用力在工作職場所努力的，竟然在一年內全部泡湯，她也知道自己應該要振作起來，但是「錢、錢、錢」補完錢的洞，她根本不想動了，日子就這樣一天天地過，每天晚上睡前就告訴自己明天，明天該振作了吧！明天早上太陽一起，又是懶洋洋的一天，周而復始，她成了她以前最厭惡的哪種人，無能為力的廢人。

在這麼艱難的狀況下，老公卻從未對她發過脾氣，所有的事跟著她一起扛起，甚至還要照顧她時不時的火爆脾氣，與天天竭嘶底里失控的情緒，她則動不動丟負面消極的字眼出去，因為她所有的焦點只放在「怎麼辦？天啊！我們有千萬的債務要還錢！怎麼還都無法做到，為什麼是我，又不是我的錯，我怎麼這麼倒楣……」她總是丟這樣的話語出來，有一天她又胡言亂語再發脾氣，老公用手抓住她的肩膀，眼神盯著她，認真對她說：「妳想想看，我們不到三十歲就遇到千萬債務的困境，總比我們五、六十歲體力不行再遇到，我們現在太幸運，況且老天爺現在給我們這個考驗，就表示我們是有能承受千萬考驗的人！」聽完老公這麼認真跟她說的這段話，她的腦袋好像突然之間被打通，她看到她應該放焦點在『我們是有能力承受千萬考驗的人』，而不是像之前她所有的感受在『我們有一個千萬債務的無底洞』！

她們夫妻倆同心聚焦在同樣的目標，在短短的幾年，身邊不斷地出現幫助她們的貴人朋友，總是遇到事業發展的機會，一步步解決所有的債務！剛發生事情時，容易被情緒困擾失去方向，用力氣花時間在問為什麼是我？為什麼發生這樣的事？如果沒有空出一點空間看見另外可能，選擇相信在前，在還沒有看見有路徑解決，就已經先相信有路口可以跨越。在人生十字路口上，回頭看著生命走出的困境，我們會為自己感動著！

魚逐小語：面對挫折需要調整的腦袋的觀點而非外境。

我們透過工作、
透過關係學會愛自己！

第九章 人生是一座超級遊樂場

一、權威遊戲的代價

從小一直想要出人頭地成為「somebady」的她，眼睛向外尋找學習的「偶像」，可是對於家人一直是陌生有距離的，只好開始不斷向外尋找這個「偶像」拼命模仿學習，記得她人生第一份專職工作，她對像姐姐一樣的業務主管，有狂熱的崇拜的激情，開始在業務工作的她身旁剛開始沒有資源，就只是聽信主管給的建議方式，憑著一股腦的熱情，每天不斷往外開展業務，起初每天都是撞牆碰壁被潑冷水，下班前回去公司受到主管的鼓勵與建議，隔天又帶著頭盔往前衝，就這樣一步一步開展業務工作，生命中第一個人鼓勵她在什麼都沒有條件下，買了第一間房子，接下來不到一年又買了第二間房子，教會她超越條件的限制，勇敢往前踏出她的步伐。

在三十歲的她因著朋友的推薦，進入某個心靈成長團體學習，長達七年的學習讓她成長許多，跟著一大群人共同學習是一件很開心的事，老師藉由工作坊不斷地帶領，回頭觀照自己從小到大的歷程，幫助她很多事情，但是只要一靠近老師，她愈發覺得自己的渺小與卑微，當課程上到某種程度時，她甚至能感受到自己已經把老師當作某種不可思議的位置，她發現從小到大對老師都有種恐懼的心情，她的心想很難接近，她覺得老師不可能會喜歡像她這樣的人，有一次她在跟老師的助教對話時，為什麼同學大家會把老師當神來敬拜時，她脫口而出的一句話「因為是我們自己把老師當作是神來敬拜」的一句話，讓她看到自己一開始從心裡豎立「偶像」形象。讓「偶像」的優點一直累加，等到自以為學得差不多的時候，就開始看這個不順眼看那個不順眼。

在事業或工作的領域也是這樣狀態，剛開始進去某個領域她會對上面的領導服從而且用心做好，等到某種團體地位形成，她就會開始嫌東嫌西，到處抓毛病，除非有新的學習或挑戰，她迫切希望得到掌聲或某種地位，滿足她從小的被看見和被需要的需求，她漸漸從學習中理解自己的需要，在周而復始的循環中她去感受，面對自己的心靈強迫症無法控制，在工作的領域中她喜歡有標準性的「標竿」讓她有追尋的目標和方向，可是過了一陣子後又不滿足就又開始挑剔。直到有一天她才學習到「如果一切都不需要改變」的時候，原來最難教化的人只有自己，面對自己身上堅固信念的信條思想，那彷彿是條比賽的繩索，雙方都有堅強的，初期學習靈性課程的她，就是滿腦把自己改造成不再胡思亂想的人，到了某種團體不論是工作或學習領域，她就喜歡靠著權威底下生存的人，但同時又懼怕與權威的人相處。

魚逐小語：我們允許權威在我們心裡生根，形成力量。

二、從桎梏中解脫

接觸到心靈成長課程，那一年她拉著老公上了一系列的課程，她們夫妻倆開始大量的上課，剛開始的學習動機，只想對方為了她的需求而改變，同時也希望改變自己，在同時上課過程中很希望旁邊的親人同事也跟著有共同成長的管道，她想到自己是在組織行銷帶團隊的，積極想要把課程帶入團隊學習中，很奇妙的是團隊開始有些潛在「對立」的情緒出現，這種情緒她並不陌生，因為一開始老公比她早上心靈課程時，她腦袋充滿了許多疑問，到底是怎樣「怪力亂神」的課程，可以讓一個人從心底願意自己改變，她想這一定是被洗腦得這樣徹底，即便這當初還是她不經另一半的同意強行決定幫老公報名的課程，直到她真正進入到課程學習裡，她才能領悟課程帶著人進入從小到大的傷痛裡修復，這是她早期在心靈成長課程中得到莫大修復的力量，所以她瘋狂期待身邊的人都可以藉由這股力量修復自己，有時候她也常常犯一種錯誤，把在課程中學到的一招半式，用在與他人相處中，不斷想要改變或調整身旁的人，老師常在課程中提醒每個上課的同學，你所學的只能運用在自己身上，雖然有把老師的話聽在耳朵裡，可是未曾在心裡真正能感受著這道理，所以在外在的行為，還是把眼光和食指向外指著別人要改變。

推薦她的團隊夥伴去上課學習，回到事業團隊中，有上課跟沒上過課開始有言語的隔閡，甚至上過課的夥伴們在說一些課程的感動和分享時，更引起有些排斥上課的夥伴的反感情緒，公司的主管跟她溝通後有種默契，她不再將夥伴推薦上課程，她依歸公司自己找的課程中歸順，雖然表面上她服從這樣的不成文的規定，她並未停下在外學習成長的腳步，她把自己區分開來，她不再在工作職場做任何課程的分享，即便她有多少次對自己一步步修練的經驗有多感恩和感動，她就認定她的工作領域的長官不會認同她，她其實是負氣做下她認為委屈的選擇，所以她壁壘分明將自己分成不同的區塊。

她變得很怪，她的工作性質是自己帶組織團隊的，時間是可以自由調配的，她可以休假出去遊玩的大大方方的交代，安心出國去玩耍，可是她去上課學習時，她就會陷入兩難的困境中，嘴巴就是說不上來要休假去上課，她的心裡有很深的內疚感，都要拖到逼不得已的時候說，甚至有幾次是到國外去上課，到了機場覺得已經到非說不可，發了簡訊畏畏縮縮地說明後，就趕快把手機關機，深怕主管發簡訊來或者直接打電話來問。她的心裡已經認定她自己就是不被認同的人，所以她做的事說的話都是沒用的，她只能聽信於別人的決定，這樣她不會跟主管起衝突，她可以靠在豐厚的羽翼下做個聽話照做的人，這樣是非常安全的，也不會做錯事當然也不需要負起責任。

直到有一次，她事業的主管引進一個學習系統，學習後她的主管協助每個人去尋求自己生命的使命感時，她一開始被引導時，她真心說出她想要的是做一位心靈輔導老師，協助自己和所有的人能尋找自己的夢想，並完成這個夢想。但是在過程中她一直被有技巧的引導到有關事業的平台上，她當時心一急一慌忍不住嚎啕大哭，當她哭完之後，她還是妥協往主管的方向寫下她的使命感，她其實心裡是不願意這樣寫下，可是她懦弱依循著別人想要的方式寫下，也是個非常優秀頂尖的學習系統，再那之後她再也沒有回頭去看，那個當初她寫下的人生使命感。

她是個討厭強迫別人的人，她一直覺得被別人強迫許多她不願意的事，她雖然沒有在主管面前，表示過對這件事的不開心，可是在她心裡還是有埋怨主管的，只是她抑制這種感覺很長一段時間，她心裡對自己還是藏不住這種感覺，她是在心裡怪罪主管許多事，她累積的不滿的憤怒情緒愈來愈高，她在靈性學習課程裡某個靜心活動中，她感受到自己有股很憤怒的怪罪能量，手指堅持指著出去心裡吶喊「都是你害的，都是你害的，都是你害的！」她最後才發現，她把整個過程都怪罪在她主管的身上，她努力抓著受害者的身分來控訴怪罪，轉移在這個過程中，她自己面對自己，真心想要的夢想她有多麼輕易的放棄，並允許別人來任意改變夢想的內疚，這一刻她深深為她栽贓怪罪的主管對不起，也同時為她的輕易放棄自己真望的夢想對不起，她開始學會一步步認識她的真實，完全學會為自己負責的態度，她尋到靈性功夫在工作職場展現真實的力量。

魚逐小語：學會自己負起全責的力量。

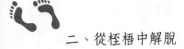

三、再相信一次的單純

她整個人非常努力擺脫貧窮不愉快的童年，從她十九歲念夜大開始，她知道她的條件不好，唯有靠自己的努力才能擺脫貧窮，在她的想法裡，以為擺脫貧窮就會等於有錢，而有錢就等於可以讓不快樂的人生消失，當時她不清楚自己的思考只是侷限在這麼狹隘的範圍，當人生十九歲到二十八歲打拼的時候，她還有年輕人做夢的勇氣及敢拼的個性，在什麼條件不好在業務歷程勇敢拼就對了，但是在她二十八歲經歷了被倒債千萬，原本她辛苦衝刺時，都想不遠的將來的美好，脫離貧窮的日子就要到來，沒想到一連串的倒債，讓她崩潰，對許失去生活的希望，幸好老公的一番話再激勵她，讓她們夫妻把千萬債務扛下最終還清，應該幸福的日子。

在她的心裡卻有深重的內疚，她開始在內在不斷批鬥自己，是自己好高鶩遠不切實際，老是要做出超乎自己掌控的範圍，又什麼都不籌備，太容易相信別人，在她的內在不斷罵自己，犯了天大的錯誤，她看書上寫的至理名言「一個人的命運是因為她的個性造成的」，她想這說得太對了，她不到三十歲就捅下這麼大的簍子，她開始限縮自己的個性，改不掉就隱藏，雖然債務在幾年內就還清，可是千萬債務的陰影卻始終在她心裡。

懷著愧疚面對家人，對自己愈來愈沒有信心，她在業務職場也是同樣狀況，她對自己原有的熱情、勇敢、大方分享……，她覺得這些特質根本沒用，她找不到可以給團隊貢獻的能力，所以她用勤奮、努力、聽話來換取她在團隊的價值，雖然她有時候會藏不住自己原有本性流露，但她迅速保持跟人的距離，讓人摸不清她究竟是如何的性格。在面臨千萬債務失敗的陰影，讓她開始步步謹慎做事，她在想人生有多少次機會，可以跌到谷底再爬起來，她對自己犯下的錯誤很害怕，以前在心理成長團體學習時，老師會說「學不會的就要再重來」，她很害怕要一直重來的困境，怕自己並沒有能力一次次爬起來。

靈性成長課程中【註一】，老師帶同學一個新的看見，生命是一個大的遊戲場，開始打破她的線性思考，突破她在空間和時間的縱貫軸的平面象限思考，她覺得很感恩，因為她要相信神的國度對她來說是相對困難的，所以在靈性這條學習路上，她很怕碰到痛苦，因為害怕痛苦，習慣用沒有感覺來逃避，就像在職場時她很怕爭執吵架的場面，總讓她想起小時候爸爸在打哥哥的場景，而她藏在被窩裡無能為力的躲著，真正再次經驗小時候的苦痛時，她才發現自己能真正面對「爭吵」的無可奈何的難受，走在靈性學習的道路上，學習或療癒並不是讓痛苦消失，雖然在一開始她是多想把生命的痛苦拿掉，但痛苦是怎樣都拿不掉的，面對痛苦時，她發現她一次次擴大她可以經驗的範圍。

而當她一次次正面面對自己的痛苦，她反而認識自己真實的能力，她不需要透過偽裝自己很強的面向，來跟夥伴相處，她重新找回自己原有的獨特性格，熱情不藏私喜歡團隊一起好，她漸漸自在在團隊中合作打拼事業，她不需要假裝自己，在工作的領域裡不需靠贏過別人的競爭來表現自己，證明自己在團隊是有優越的價值來刷存在感。工作職場對她來說不是「莫須有不該在的壓力」，但是正常的工作職場的壓力還是有的，只是以前內在一系列心理劇可以好好的落幕。

魚逐小語：別抓住過去的傷痛，那是障礙生命的絆腳石。

*【註一】：王慶玲老師的「玫瑰女人課程」。

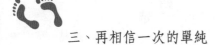

四、愛讓我們永不分離

在她生命中最脆弱不堪的時候，老公因為經濟的壓力選擇去國外工作，剛開始她以為扛得住所有的事，但是她面臨父親走後的悲傷，卻是她扛不住的悲傷，本來身旁有個隨時可以傾聽她的老公，也遠在海洋的另一個國度，兩三個月回來一趟，她想起小時候的一個心願，小時候的她多希望爸爸是跑船的船員，可以賺許多錢回家，讓家裡擺脫老是要跟別人借錢的窘境，重要的是回國的時候可以帶許多新鮮的玩意，讓小時候的她可以去學校炫耀，她曾經瘋狂地這樣想過，有時候她覺得是她為了貪圖物質上享受，才讓心愛的人遠渡重洋隻身在外面打拼，所以她必須忍耐，忍受兩三個月寂寞才能相處幾天，過後又要在機場分開。

分離的時候特別讓她難受，總是讓她回到孤單的感受，她常常會想來小時候有熱鬧的事，她比別的小朋友開心，因為歡樂的氣氛會讓她暫時忘記煩惱的事，但結束前她就會很難過，像是仙杜瑞拉要被打入原形，頓時所有的東西和心愛的人都不見，剩下她孤零零的一個人。剛開始面對分離生活，她很害怕面對自己一人要承受家裡的事和孩子的壓力，面對家裡原本四人的晚餐變成三個人，星期假日也變成她自己帶著孩子出去，她不喜歡晚上剩她一個人獨處的感受，所以她把時間排得很滿，最好是晚上累到可以直接躺在床上就睡，孤單的情緒並不是不去理會就消失。

隱藏的情緒變成她心裡難控制的憤怒，她開始竭斯底里去懷疑在海另一邊辛苦工作，不管老公的是否在開會，失去控制的她狂用公司的內線瘋狂找老公的碴，打到公司下令封了電話，並且要老公賠償十多萬的電話費這事才了結，這樣的結果並沒有帶來她的警惕，應該說是她仍然無法控制她的情緒，疑神疑鬼只要老公失去聯絡範圍內，她就快要發瘋，雖然她極力想要控制自己的失控的情緒，她無法控制，她陷入更大的悲傷裡，為什麼她會無法掌控自己，當她在房間的角落裡躲著哭泣到不能自己，她像是一下子掉進了很傷心的井底，所有的腦袋理性都在告訴她妳該怎樣，可是她卻怎樣也做不到時，她傷心到底只能完全放手經驗這個她「怎樣都無法控制」的傷心，她一直哭一直哭，像個孩子得不到心愛的玩具傷心地哭，哭她這樣孤單委屈一個人要面對所有的事，但當她不控制一路哭到底的時候，她反而漸漸地安靜下來，很多時候的掌控反而累積她心中無法表達的情緒，這時候她才看見自己多需要被她自己敞開經歷這個情緒，而非一股腦地想要隱藏悲傷假裝快樂，當她能真實地經歷她自己，她也才懂得面對對外的關係如何相處。

最親密的關係就是伴侶關係，在愛裡的關係，她曾經固執地認為只要對方愛我，給我所需要的我就會快樂，她需要的愛要透過別人來給予，她才能感受到，她用力想抓住這種感覺，在對方回應她的行為中去尋找，當老公橫跨在海的遠方工作，她尋找「被愛」的感受，要透過老公時刻的報備來讓她有安全感，否則距離加深分秒的疑心病，即便海另一邊的伴侶，分分鐘報到天天說愛妳，她還是抓不到「被愛」的感覺，當她在經驗背叛到完全沒有愛的狀況下，她卻真實看見自己，有多愛這個男人的時候，她才真正經驗愛，體悟愛！

魚逐小語：我們透過愛另一半的過程，其實是學會愛自己的旅程。

宇宙的不變真理，
永遠先給出你想要的！

第十章 永遠先給出你想要的

一、逃跑的人沒有離開

在工作職場小心翼翼的她，大量面對人的環境，她知道說出去的話最難收回，她也害怕大家有意見分歧的時候，她討厭的是有糾紛的狀態，要協調的時候，她總害怕自己本來沒事的人，多一事不如少一事，把本分的事做好就好，千萬不要惹麻煩上身，她努力克制自己不要犯錯，免得要付代價處理爭端，慣性地選擇安全地帶、安全方式和安全選擇，因為安全可以免於承擔「風險」，可是她卻未曾思考風險是什麼？風險是她腦袋裡未知的代名詞，「未知」就歸類在風險裡，因為她一直想走對的路，所以她花盡努力，在迎合大家可以接受的途徑。

所以在職場領域，如何待在一個安全位置對她來說很重要，這讓她可以依循別人的腳步，而不需要冒險負擔「未知」的風險，在她一次療癒諮商的個案，對方是行政主管，她的部門同事要負擔公司裡外許多繁瑣事項，在一個外貿公司裡業務部門拿到訂單，是大家共同矚目的成績，對於一個行政部門的主管，同事要滿足公司上下的需求，重要性可想而知，但是獲得回饋與掌聲的場合卻是相對性的少，她個人有個對公司很棒的專案構想，協助公司平衡行政人員的工作績效，可是卻遲遲不敢提出，因為她擔心提案之後老闆同事對她的看法，在公司八年的工作時間，她向來就是守本分把公司交代的做好，因為她的中規中矩與負責任的態度，讓她一路升遷到主管，今天她想要提出個變革性的方案，對於這八年來只聽命行事的她，要跨出她「未知」的這一步，對她有多困難，這是她沒嘗試沒經驗過的事。

當她在療癒諮商的過程，她彷彿也跟著行政主管經驗對「未知」恐懼這一塊，她看見多年來一直有埋怨她的老闆，為什麼老是阻擋她做什麼事，而不是鼓勵她去嘗試，直到跟著個案走過對「未知」恐懼的那一刻，她才明白阻擋她的不是老闆，而是她內在恐懼，想像老闆怎樣看待她不聽勸的她，長期做個聽話的下屬，是有許多好處的可以拿的，會特別受到關愛與支持。

她害怕這個關愛與支持，因為她的不聽話而不見，她依循「聽話才有糖吃」的觀念，所以在工作上用「聽話」方式，換取她得到關愛與支持的好處。就是她在家裡拼命表現，在爸爸媽媽面前證明她自己有多重要，證明她在家裡存在的價值。

在工作領域上，她可以付出關心去照顧夥伴，但她卻不習慣對人訴說她的痛處，認為抱怨只會弱化她的能力，她跟人相處會有一定的距離來保持，她很害怕別人越過線，就像海裡的八爪魚一樣，當別人太靠近她的時候，她會緊張想要防衛自己不被看清，像章魚一樣就張嘴噴黑墨，讓大家搞不清楚狀況再趁機逃走，再躲回安全的區塊裡。

直到有一次她的夥伴真誠的關心她，她卻開始閃躲，她的夥伴語重心長跟她說「我們也想真心地關心妳，是想我們每次有狀況時你都在我們身邊陪我們，當你脆弱時卻自己躲在旁邊，拒絕我們靠近，身為好夥伴的我們該如何，如果你今天是在我們拒絕的狀態，你又該如何？」她才看見原來自己是沒有接受別人關心和支持的能力，因為習慣用距離來隔開友情的關心，她告訴自己從這一刻敞開心學習她所未能習慣的「接受」的感受，接受別人的照顧並不是代表自己沒能力，而是真誠地承認自己有需求。

魚逐小語：每個人都有不完美區塊，只能成為獨特的自己。

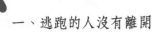

二、找到自己的貴人教練

此時又碰到她生命無法承受的壓力點，她又從某個團體悄悄地溜走，原因是她不適應或者不想面對，她認定太複雜的關係時，慣性的選擇放棄，像電腦的Delete鍵，一按就想把資料清除，關係也可清除，在逃離關係中，她看見自己有種自命清高和完美的戀癖，但卻同時感受自己像刺蝟，無處不在的防衛機制，一直不停地向外發射，傷了自己更傷害許多人。她在關係中會有一個的區塊，別人勿進，進了禁區，讓她感受無處可遮蔽，與她相處常常會讓人搞不清楚，而連她也無法接受像刺蝟的自己，她選擇逃到北京一個月，那裡除了先生之外，所有的人都是不熟悉的人，幾乎所有的白天她都是獨自一人，沒有任何對外的交流，即便如此，前兩個星期她還是拼命找事，做做家事、上網看看、打電動……，看著時間隨著她自己無意識分分鐘渡過，無感的人生在她心頭徘徊。但此刻也正是她赤裸裸地沒有任何外在的包袱，沒有豐功偉業沒有任何的身分的她，她切斷團體所有的人，她無法面對，即便是她那麼引以為重的老師不斷地給出關心與連結，她卻狠心一次次用冷漠的態度回應，她只沉溺在恐懼與不適應的禁區，抓著自己是受害者的角色沉淪，一個陌生的城市待了一個月，她的心沒有平靜的，只是經過了一個月該回去工作，她又慣常拿起那個偽裝她脆弱的面具，再回去面對工作。

回去習慣工作領域裡，讓慣常的生活時鐘帶著她走，人沒有怎樣，只是失了溫度，日子沒怎麼變，只是少掉熱情，許多她之前想要認真做的事，讓日昇日落的生活時鐘淹沒曾經真心渴望的事。生活真的可以過，只是讓自己沒了感覺，這樣的日子時間過得特別快，因為沒有滋味。

直到有一天的下午，她載著一車的夥伴參加公益活動，電話突然響起，她正在交流道開上高速公路上，剛開始她先接起來，沒想到是她曾經不斷用冷淡態度回絕的貴人老師，但是她一慌就急忙回答，高速公路上不方便接電話，等她下高速公路要再回撥電話時，她也好緊張說等回台北再撥電話，當她回到台北公司，電話的那頭她的貴人老師說著對不起，她頓時才覺得自己有多汗顏，因為自己的任性脾氣，不願面對自己脆弱的地方，卻讓這些年來帶著她一步步成長的貴人老師，承受這莫名的壓力，她才是應該說對不起的人，當她聽到老師再請她回到同修的讀書會，她放下內疚不安的心說出「她當然願意」，她知道老天爺的恩典在她身上發生，讓她知道放下「不好意思」的姿態，選擇往自己真實敞開的心前進，之前任性做錯的事，一步步學習調整腦袋的想法，放焦點在願意承認過錯去調整，她不是個不犯錯的人，願意改過的人。

她願意放下追求「事事滿意」的人生，而是一個真實有溫度的生命，這樣的人不是不犯錯，只是在面對自己犯錯的時候，願意寬恕自己，朝向自己渴望體驗的生命去努力。

小的時候在學校學習時，有父母和老師協助去調整，學習面對錯誤的能力，再來進入職場時，當我們經驗尚未成熟時，靠著職場的前輩和長官的提攜，學習或調整自己，當她人生經驗到達某種程度時，卻忽略學習的重要性，通常靠著書本的摸索與自己人生經驗融合來學習，當她經驗到在關係中碰到挫折，自己任性逃跑的過程，她體會人生是需要有教練提點，而教練不只能在旁邊加油與鼓勵，教練是要讓學生能往她夢想渴望的道路前進，她需要生命教練，前進她想成為有溫度的自己，而讓自己更加努力，而她卻幸運能在人生路途上有貴人教練的協助，讓她在挫折與狹窄處，能看見自己可以擴展的空間，即便有極大的痛苦都能選擇面對與跨越，她開始認識恩典的力量在她身上作用力，不是輕易供給她想要的狀態，而是在經驗過程能留下來，可以一次又一次說上嘴的故事。

魚逐小語：愈能經驗痛苦與挫折的人就是勇敢的人。

三、信任無限的天生本能

過往的人生，她這樣迷惘想要換掉她身上的特質，追求大家認定的特質，她在職場就會表現更好些，她貪心想要這些特質，而且在她身上一個也不少，在她業務職場上奮鬥，明快業務能力，做大事做大業績的人，她很努力模仿somebady的大人物，成為最有影響力的人，想盡辦法接觸大人物並成為朋友的交情，下一次快速地邀約，多麼希望自己是成為這樣的人。

她是另外一種人，對於自己在工作領域有緣接觸的人，不管像傻瓜做白費工的事情，有沒有時間成本的觀念，她覺得自己業務的飯碗是吃老天爺賞的飯碗，每次邀訪她都需要花費她認真的心思，即便現在看起來只是一個小case，和大case一樣在她心目中都是同等重要的，她只能從她的真心出發，當她能體會這是她認定的樣子，她才開始在業務路上，體驗每個過程給她的酸甜苦辣，都是滋養的力量。

這世界從來都沒有人告訴你，你只能靠一種方式成功，是她在腦袋裡偷藏著觀點，給自己下了指令說，你只能這種方式才能成功，而自己卻不自覺是受到這個觀點來運作，每個人都可以成為頂尖的業務，在過程中看似我們在對待一個客戶，而其實我們是在學習與自己相處，這是靈性學習帶入工作的方式，探究到底靈性跟生活是一體的事，我們透過靈性學習來認識自己，擴展自己，我們也藉由生活面向認識自己，品嚐生命酸甜苦辣的經驗。

當她認識到這個真理，她開始學習往內看自己，什麼是她天生本能的特質，過往她用強迫矯正來硬喬自己，她有多麼不快樂在工作上，她可以達成目標，她卻常常無法滿足她內在的喜悅，她回過頭去看這過往的工作歷程，真正成就她的，是她真心發自她特質願意付出的，她記得在她剛跨越組織行銷的前兩年，她做得非常不好，幾乎已經快要離開這個事業，同時那也是她人生高負債的時候，有一天她的同事帶他去廟裡拜拜，她就跟著一起去，到了廟裡的功德箱前，她拿出皮夾想要拿出一百元鈔捐贈，發現皮包只剩下一張千元鈔，她猶豫一下，那時候一千元對她來說很重要，但是她想既然有捐贈的心意，還是把千元鈔放進功德箱，隨後她跟著同事的腳步來到大廳，她往大殿堂的千手觀音菩薩誠心拜了拜，她甚至不知道該求什麼？同事嚷著要抽籤，要她一起去，她就跟著一起問神擲茭求籤，同事一直問她菩薩給妳第幾首籤，她說找不到第幾首籤，同事過來看說「天啊！天啊！你抽到籤王！比上上籤還旺，妳要發啦，妳要發啦！」其實她一頭霧水，因為這是她第一次抽籤她也搞不清楚方向，後來帶回團隊，激勵大家像是大夥都被幸運之神眷顧，事業迅速發展起來。看起來真神奇吧！她認為一點也不神奇，只是她選擇了相信來到她面前的付出心意，選擇相信對她是有幫助的，她有什麼理由不這樣選呢？

我們每個人依歸自己潛在腦袋裡許多信念思考著並生活，既然如此她開始學著覺知她腦袋的信念，練習觀看自己起心動念的信念，調整不必要的信念是她的學習功課！

魚逐小語：勇於付出的人，往往是天底下最有福氣的人。

四、重新體驗與生俱來的生命劇本

回想她這二十多年同時在工作職場和靈性修習成長，她很習慣把自己在兩塊領域做轉換，她曾經有過非常狹窄的想法，是這兩塊領域都互相不見容，她也讓自己在這兩塊領域切割，不會把靈性學習領域帶入工作中，她也極少在同修領域中述說工作的經驗，她以生活面向來深入靈性修習中，害怕兩邊角色被打擾形成困擾紛爭，後來她才發現自己不自然，刻意隱藏是要追求完美的形象，她覺得自己不對勁，想成為一個真實有溫度的人，卻把自己切割不同部位擺放在不同領域，困難不是只在外在發生的狀況，是在自己內在已經存在的狀態。

她開始打破內在的觀點去練習經驗，外在的機會一直出現讓她能真實的經驗，她之前在心理輔導工作是協助個案療癒，後面就有企業家朋友個案療癒幫助她跨越人生的關卡，企業家朋友主動邀約做主管一對一諮商療癒，以靈性療癒方式協助她們在工作領域更上一層樓，透過課程做整個企業的學習與分享，帶給她們業務團隊或行政團隊或支援團隊更明白每個團隊自己位置的力量。

而在她自己的組織行銷系統，她將自己在靈性學習的真理法則，合而為一在業務行銷合團隊帶領，從她本身做起，她發現以前工作給她帶來極大的壓力，現在工作還是，會帶來壓力，但是這份壓力的主軸卻是她如何協助團隊包含她自己，如何運用天生的本能讓彼此更好，讓團隊的績效更好，學會從自己內在的品質調整在對的立足點出發，藉由外在大量行動的基礎獲得績效，她們探討績效她們在乎績效，從中過程成就她們生命的使命感，成就她自己生命的使命感，讓別人因為你的存在而美好更幸福更豐盛。

最後在愛的關係中，她學會先學會了解你自己，學會了解自己內在的需求，學會照顧自己內在的需求，發現阻隔愛不是橫跨海洋的距離，而只是不願意相信自己有被愛的價值跟可能。

　　沿著生命的河流她走過某些歲月，曾經想要響噹噹的名聲，曾經想要富可敵國的財富，終究她看清她最終的渴望是做個帶給人幸福的有溫度的人，重新體驗她人生的劇本，這次她想讓天空追逐魚，魚兒游在她的大海裡！

魚逐小語：所有的答案都在你身上，妳就是最大的奧妙。

四、重新體驗與生俱來的生命劇本

後記

跨越的路徑

嗨！親愛的妳：

妳會說很想跨越所面對的困境，離開生命扯不斷重覆的惡夢，但是妳心裡總有一股沈重的烏雲罩住，妳快喘不過氣，覺得連一呼一吸當中快沒有力氣。妳被一次次重重擊倒，妳想相信生命有無限的可能，妳想相信恩典會恩寵於妳，妳想要信任妳是值得被愛，妳想要相信妳要的就在不遠的未來。但是妳無法，妳就是會被那股黑暗的力量拉扯，讓妳日復一日回去妳討厭的樣子，妳難以面對的生活裡。

嘿！真的想要找到跨越的路徑嗎？當我如此認真地對待自己，在一連串的學習過程中，找到五部曲生命跨越的方式。想跟親愛的妳一起分享：

第一部曲，認識妳現在所在的位置，讓我們先從「認識」這個動詞開始，過往的妳把「認識」不加思索認定妳的定義，把從小到大經驗過的歷程，慣性來定義現在正在發生的事，我們的腦袋對小時後未曾完整經驗的傷痛，不知不覺留下可怕的記憶痕跡，而慣性地回應現在正在進行的事，現在正在進行看起來是未知的，可是妳還在過去未完整經驗裡，重覆再重覆經歷同樣感受裡，當妳認識到在反覆的過去經驗裡，妳將會有一些慣性思考的縫隙停格，就是這個停格，打斷妳不知不覺慣性思考與回應的路徑。這個時候問自己三個問題：

1、過去這個不自覺慣性思考對妳有好處嗎？
2、妳想要跨越重覆的困境嗎？
3、妳願意在這一刻為自己選擇行動嗎？

第二部曲，探尋妳真心期望的生命品質，妳真心渴望的自己過什麼樣的生活，先從你的內心需求探尋，妳喜歡妳是個什麼樣的人，什麼事做了會讓妳很開心，即便承受的壓力再大，妳都願意為了這個喜愛承擔一切壓力，曾經我認為自己要得是功成名就的名人，賺很多錢來從別人的眼中收到羡慕與尊敬的目光，這樣能贏來我的人生。在探尋的過程中，才發現我真正想成為的是有溫度的人，喜愛與人共事，能提供有溫度的態度對待他人。大部分的我們，沒有勇氣探索真正喜愛的事。我們太習慣依循世俗說好的事，朝向同樣的方向以為很安全，但安全不會帶來真心我們渴望成為的人，親愛的妳即便只有那麼一點勇氣，願意開始轉向未知，生命會大大地不同。

第三部曲，跨越妳生命的障礙，願意勇敢正視生命的困境與障礙後，學會運用內在自然力量，引導妳去尋找資源，大多數的困境來自妳未完整經驗，過往留下痛苦的創傷，療癒的過程就是在協助妳完整經驗這過程，還原當時的真相，找到內在的解答，內在的解答來自被療癒者內在神聖的力量，療癒師是一個清澈的管道，只做一個乾淨的吸管，讓神聖的力量自然流動。你習慣用眼睛往外尋找答案，尋求解決方案，妳也清楚外在資源能協助你，妳不知覺讓內在未經驗的傷痛力量牽引，讓內在傷痛力量不斷發送訊號，影響著你不自覺陷入困境旋渦，運用療癒的管道，讓妳回歸內在神聖力量，妳將會同時發掘外在許多的貴人與機會！

第四部曲，學會為自己負起責任，主動取回妳的力量。曾經我想過無數次，如果成長的環境有所轉變，如果生命種種我不喜歡的事都不要發生，那該死的一次次困擾是否就此遠離，如果身邊的人都願意為自己負起全責，我生命的道路是否從此一帆風順。是啊怪罪多簡單，把責任推向別人，就會避免自己要真實面對的責任，怪罪別人容易多了，但同時也將妳的力量推出去，送給他人，對生命的成長一點意義也沒有，取回妳自身的力量，為自己負起全責吧！

第五部曲，實際的修煉，不斷地練習硬做的結果，踏出去的每個行動是生命修煉的關鍵，每次行動是每次下決定後的結果，生命如同球場上的比賽，妳生命這一刻正在承接上一刻的成果，操練每一刻，雖然妳在過去與現在擺盪的心情裡，請給自己永遠有一次次調整的機會，每次的調整是妳向生命宣示跨越困境的那一步，妳是妳生命最重要的啦啦隊。

在此書完筆的當下，特別感謝博客思總編輯加君，提點魚逐重要的提醒，讓「跨越的路徑」此章節的構思發想。更由衷感謝魚逐生命中的貴人老師，慶玲老師全力的指導，讓「跨越的路徑」的章節內容，豐富「跨越」此書的完整性，讓魚逐與親愛的讀者更進一步的連結，最後以「跨越」此書獻給在生命困境時願意選擇跨越的妳！

國家圖書館出版品預行編目資料

跨越一你只是忘記自我跨越 / 魚逐著 .
-- 初版 . -- 臺北市 : 博客思 , 2018.10
面 ;　公分
ISBN：978-986-96710-2-6(平裝)
1. 修身 2. 生活指導

192.1　　107014000

心靈勵志 47

跨越——你只是忘記自我跨越

作　　者：魚逐
編　　輯：塗語嫻
美　　編：塗語嫻
封面設計：塗宇樵
出 版 者：博客思出版事業網
發　　行：博客思出版事業網
地　　址：台北市中正區重慶南路 1 段 121 號 8 樓之 14
電　　話：(02)2331-1675 或 (02)2331-1691
傳　　真：(02)2382-6225
E—MAIL：books5w@gmail.com 或 books5w@yahoo.com.tw
網路書店：http://bookstv.com.tw/
http://store.pchome.com.tw/yesbooks/
博客來網路書店、博客思網路書店
三民書局、金石堂書店
總 經 銷：聯合發行股份有限公司
電　　話：(02) 2917-8022　　傳 真：(02) 2915-7212
劃撥戶名：蘭臺出版社　帳號：18995335
香港代理：香港聯合零售有限公司
地　　址：香港新界大蒲汀麗路 36 號中華商務印刷大樓
C&C Building, 36,Ting, Lai, Road, Tai,Po, New,Territories
電　　話：(852)2150-2100　　傳真：(852)2356-0735
經　　銷：廈門外圖集團有限公司
地　　址：廈門市湖里區悅華路 8 號 4 樓
電　　話：86-592-2230177　　傳 真：86-592-5365089
出版日期：2018 年 10 月 初版
定　　價：新臺幣 280 元整（平裝）
ISBN：978-986-96710-2-6